今なら間に合う！

認知症になる前にやっておくべきカンタン手続き

日本一シンプルな相続対策

税理士 牧口 晴一

ワニブックス

はじめに──〝手続き〟は、基本的に面倒なもの

相続は〝手続き〟です。だから、本音を言えば、**なるべく手間をかけたくありません。**「親子なんだから、スポン！と移してくれればいいじゃないか」と言いたくもなります。

しかし、現実には大変な手間がかかります。だからこそ自分の財産も法的にしっかりと守られているわけです。家族だからといって、簡単に財産が配偶者や子どもに移動できるようでは、安心できません。

相続でも同じです。「本物の相続人」を証明する戸籍を故人の生まれた日に遡って用意し、どこに相続財産がいくらあるかを調べ、分割協議書に印鑑証明書を付けて実印を押し、銀行で手続きをして、法務局で登記し…これらは最低限しなければなりません。

ところが、**実際には、この手続きの前に思わぬ落とし穴が、それこそ幾つもあって、〝手続き〟に大変な手間と時間と費用がかかってしまうのです。**実際に相続が始まってからだけでも、**そもそも財産はどこに、何があるのかわからない。**

わかったとしても遺産分けをめぐって家族間でももめる。さらには、もらっても売れないものなら納税できない等々…。

さらに重要で、**特に最近注目されているのが、亡くなる前の問題**です。**認知症になると自分の預金なのに引き出せず、施設入居の一時金のための自宅売却もできない「財産凍結」の憂き目**に遭うのです。すると、死ぬ前から手続きは困難になり、費用もかかり、家族のもめ事が急増します。もちろん相続対策の贈与もできなくなり、やがて遺言書も書けなくなります。

これらを、困らないようにする！　そして、できるだけ安くシンプルに！　これが本書の目的です。

その**ポイントは〝認知症になる前の対策〟に尽きます。**

それで、**従来の相続対策に欠落していた「財産凍結を回避」することができます。また、その過程で主な財産が明らかになります。なんといっても本人はまだ生きているのですから、財産の所在は明らかです。**

その結果、親も得をするので協力が得られて、「相続対策」までもシンプルにできる…これまで誰も言わなかった一挙両得の対策をお届けします。

相続の手続きは面倒なものです。そのうえ手続きを間違えると、とんだ遠回りになってしまいます。だから、そうならないように、**段取りを**考えます。

たとえばお茶を淹《い》れるなら、カップを出すより先に湯を沸かす準備をします。その後で**お湯が沸く間を利用**して、カップの準備をする…これが**長年の経験で得た常識です**。この常識は、何度も経験した結果、無意識にも合理性な手順が作られます。

しかし相続については、法律も社会も大きく変化してしまいました。昔は「長男が相続するもの」で皆納得していたので簡単でした。ところが、相続への権利意識も高まり、関係者**全員を納得させるのは大変です。**

分けるためには財産を明確にすることが重要です。その明細は生前にはわからないため、今起きた目先の相続への対応に忙殺され、合理的な手順が形成されないのです。本来は〝先に〟すべきこと、それが「先にお湯を沸かす」にたとえた、「認知症対策」です。

私が、ＮＨＫ文化センターで、相続講座を担当して10年余りが経ちました。

その間、受講者のご質問は、死の前後3年が中心で、以下のものでした。

①生前贈与…（贈与税の110万円非課税贈与）

②相続税の節税…（自宅の8割引き特例・生命保険の掛け方・養子）
③もめない遺産分割…（遺言書・遺留分・「二次相続」の対策）
※「二次相続」とは、父の相続後の母の相続のこと

しかし、私はいつも講座の冒頭で言います。**「それでは遅いのです！」**、「**最も大切なのは実際の相続前10年前後に起きる認知症への対策**です！」。

なぜなら、認知症になると財産は凍結されて、**親の預金は引き出せず、空き家となった実家も売れなく**なるため、右記①～③の対策のすべてができなくなります。

これは**「介護」と「相続」を分けて考えてしまったことで起きる不幸なのです。世の中では、「介護」は身体的ケアが中心に語られ、「相続」は遺産分割が中心に語られるという分断が生じています。**「高齢者白書」では相続は語られません。

介護と相続は、財産的には一気通貫の連続です。そして、その入り口である介護になる原因の第一位が認知症なのです。ですから、認知症になって困る財産（実家と預金の一部分だけ）を**〝部分的に事前相続〟したかのように避難させておくのです。そのついでに財産の明細を徐々に明らかにしておくのがシンプル相続の極意**です。避難してあるので、子どもが親の面倒を看るという目的のもとで自由に使え、処分もできるのです。

本書の提案する相続対策

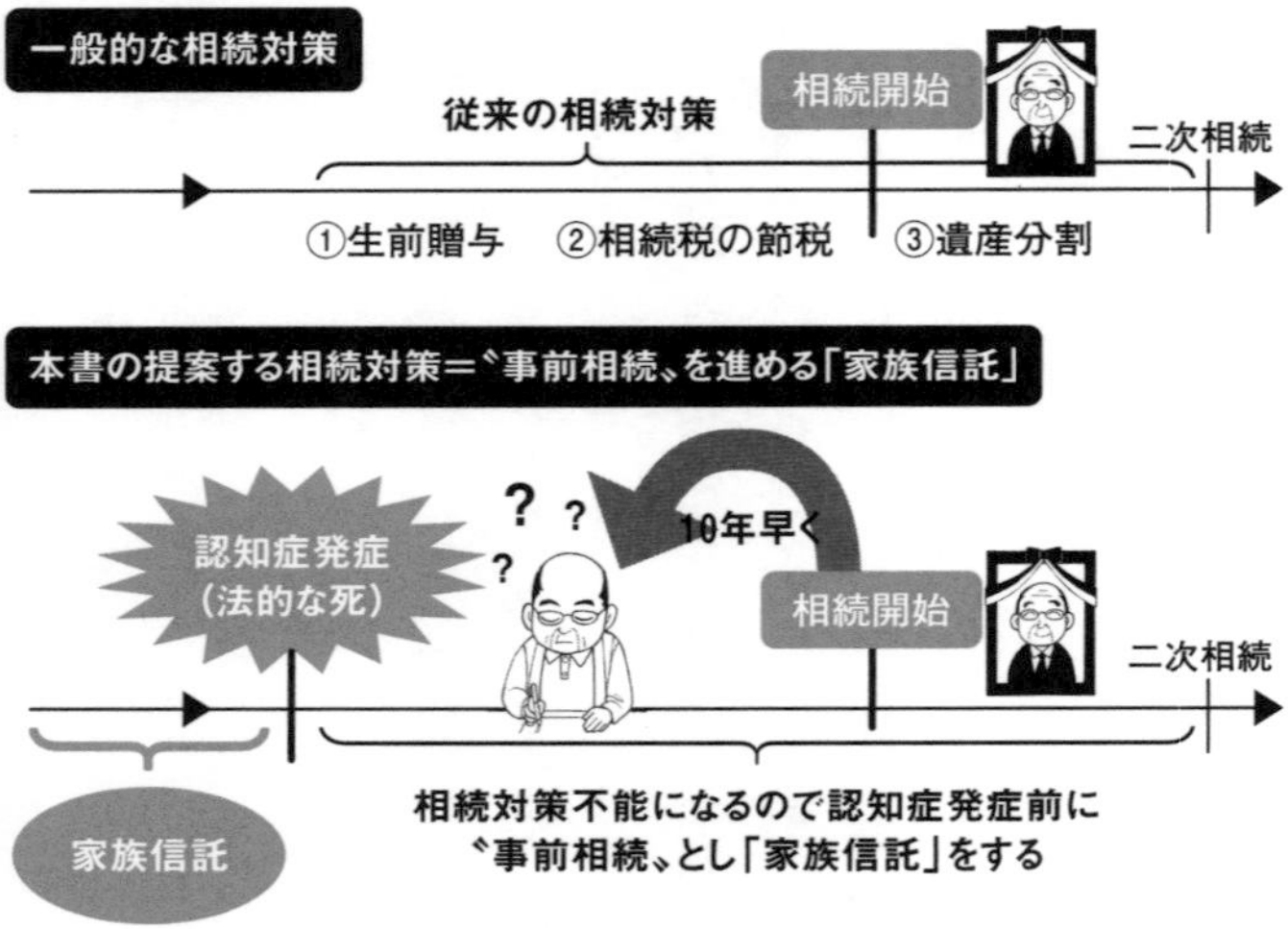

これは極めて合理的な段取りで、**今後の常識になります**。また、この対策が**令和6年からの贈与税の大改正の対策にも**なります。**なぜなら、令和6年から生前贈与した財産が相続財産に加算される期間が3年から順次7年に延ばされるので、早期に贈与を始める機運が高まっています（第5章参照）**。

一方、厚労省のデータによると、亡くなる8年ほど前から認知症のリスクが高まります。

そこで、本書は**認知症になる前に対策を始めることで**相続税対策と認知症対策の**一挙両得を目指す**という、既刊の類書にない提案をして「日本一シンプルな相続」を目指します。

その**第一は、認知症になる前に、「家族信託」という契約をすることです。**この考えは、平成20年に家族信託が解禁されて、やっと令和3年8月12日の日経新聞の一面に「国が推進すべき」との意見としても載りました。「信託」といっても、信託銀行の商品とはまったく違います。

令和3年8月12日付『日経新聞』

親が信頼する子に「信じて託する」という契約を認知症になる前に結んでおくのです。いわば、生前に行う「事前相続」のようなものです。これがあまり知られていません。

第二として、従来から行われている遺言などの対策を順次行うのです。

こうして、事前にトラブルの原因を潰しておくのです。そうすれば、認知症になった以後の相続のときも、**資金不足にならず、仲良し家族が仲良しのままスムーズに〝手続き〟が進む**のです。

認知症発症前に「家族信託」

【本書のコンセプト】多くの「仲良し家族」のために…

「財産凍結」を防止する

1. 面倒な手続きを極力省く「シンプル相続」を実現
(手続きは本音として、したくないもの)

2. そのために、「介護」と「相続」を連続で考える
(亡くなる約10年前に認知症になるから)

3. 認知症による財産凍結を回避し、豊かな老後を実現
(だから親が協力してくれる)

4. そのために、「家族信託」を結ぶ
(これが財産の把握につながる)

もめ事を起こさないためには、節税よりも遺産分割を優先すること

5．次に相続対策の「遺言書」を作る
（争いを避ける。3900円でできる）

6．令和6年からの贈与税改正に対応した相続対策
暦年贈与の3年加算から7年に対応
相続時精算課税贈与の活用
教育資金贈与が廃止へ。でも大丈夫。非課税活用
二次相続まで考えた相続税の節税
生命保険金で非課税と円満相続の対策…等々

7．相続発生…「シンプル相続」の成果の発揮。

世の中の大多数の家族は仲良しです。介護離職が問題となるくらいですから。

多くの家庭の親は、愛人を持つこともなく、隠し子もなく、別荘もなく、海外財産もなく…です。

もし、何かがあったとしても、そんな突飛なケースは、どのみち専門家に相談しなければなりません。

※本書での対策は完璧ではありません。完璧を目指すと当然お金がかかります。しかし、お金がかかるから実行しないよりは、「最低限これだけはやっておきたい」ということにしぼってお話しします。

ところが、普通の家族でも起こってしまうのは、認知症による財産凍結です。これが相当な確率で起こっています。

しかも、世の中の常識的対策が、大いに間違っているのです。

ここまでにも、いろいろお話ししてきましたが、まだまだあります。

たとえば…認知症を疑われたらまずどうしますか？　答えは次の第1章で。

認知症になると財産凍結！

成年後見制度でかえってドツボにハマる！

銀行の窓口で
父が施設に入るので 預金を引き出したいんです
認知症になると
預金は引き出せません！
成年後見人の事務所で…
先生
施設の入所金として預金を引き出したいんです
いつまで入所するかわからないので
最低限の施設にしてください
実家は空き家なので売りたいんですが
万が一お父様が戻ってきたらどこに住むんですか？できませんよ！
どうしたらできるんですか？
お父様の預金を使い切れば可能です！
使い切るのに10年くらいかかっちゃうよ！
2000万円ある!!

目次

日本一シンプルな相続対策
認知症になる前にやっておくべきカンタン手続き

第3章 「家族信託」の具体的なやり方

第4章「遺言書」で死後のもめ事を防止

第5章 節税のための生前贈与

第6章 相続税の計算

第7章 死後の〝面倒な手続き〟も心配なく

第1章

認知症で〝財産凍結〟預金も引き出せず自宅も売れない！

1 認知症は生きていても〝法的な死〟になる

「お前は既に死んでいる！」「えっ⁉」と気づくやいなや、断末魔の叫び！

おなじみの『北斗の拳』のクライマックスです。笑い事じゃありません。あなたの、そしてあなたの親にふりかかる現実なのです。

これまでの相続の本は、「相続が起きたらどうするか？」「どう分けよう」、「そうなる前の相続の対策として生前贈与や遺言を…」がテーマでした。**つまり対策の起点が相続のときなのです。**

しかし現実は、肉体の死よりも先に、認知症になるわけですから、相続対策が手遅れになるのです。そして、相続対策以前に、**生きている間の介護費用にも資金不足（実は預金はあるのに使えない）を起こしてしまい、子どもに負担を強《し》いてしまうのです。**

認知症を発症すると「老後対策」もできない

相続対策どころか、親の豊かな老後対策ができなくなってしまう！

親思いのあなたは、きっとこうお考えでしょう。

「いつか親が亡くなったときのために、相続について知っておこう」

逆に親御さんであったなら「自分が死んでも子どもに迷惑をかけたくない」と。

しかし、この「いつか」とは心臓が止まるときでしょうか？

いいえ、**実際にはそれより約8年（男性）〜12年（女性）早く「そのとき」はやって来る**可能性が高いのです。

認知症が進み、判断能力がなくなると、重要な法律行為ができなくなります。

そのとき「既に死んでいる」それが「法的な死」と私が呼んでいるものです。もちろん、正式な法律上の死は肉体の死ですが、あえてわかりやすいように言います。つまり、**「法的な判断ができなくなる日」**が訪れると、もう対策はできません。

「健康寿命」は「平均寿命」よりも10年早い

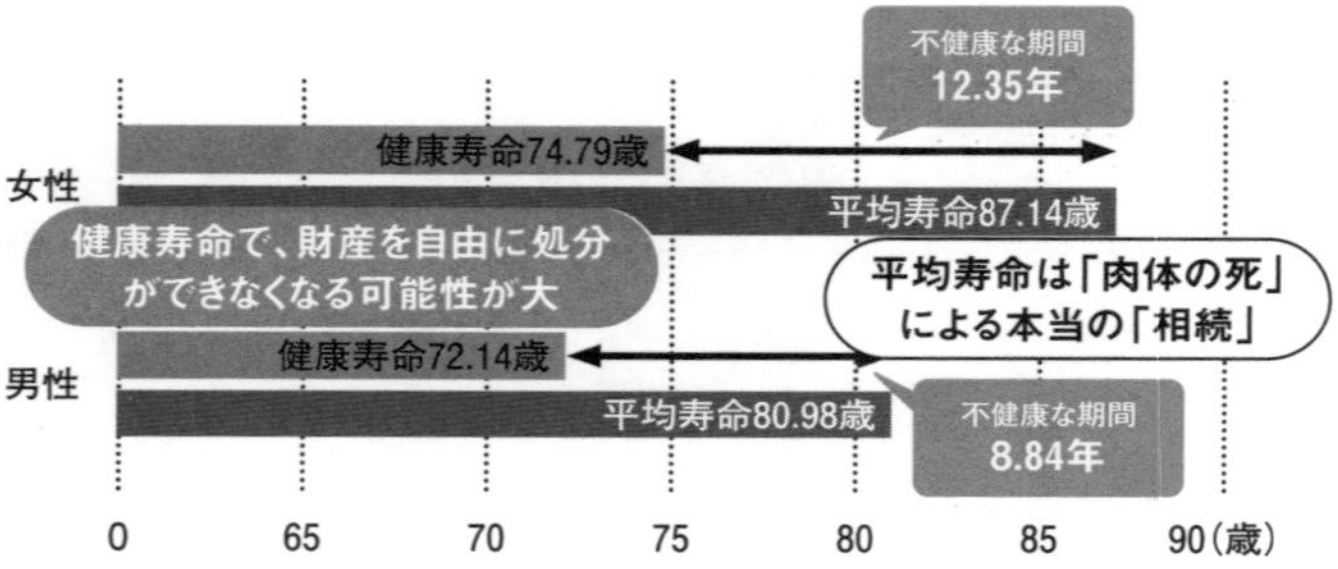

認知症になると、親は自分の**財産を自由に処分できなくなります。**子どもが代わって親の預金をおろすこともできなくなります。老人ホームに入居した後、空き家になった実家を売却することもできません。

相続後の預金凍結は、遺産分割までの一時《いっとき》のことです。しかし、認知症になると亡くなるまでの平均10年間、親の財産は凍結されるのです。もちろん、他の相続対策である生前贈与も、遺言も書けなくなってしまうのです。

資料：平均寿命（平成22年）は、厚生労働省「平成22年完全生命表」。健康寿命（平成22年）は、厚生労働省科学研究費補助金「健康寿命における将来予測と生活習慣病対策の費用対効果に関する研究」

上の図は厚労省のデータです。「平均寿命」は女性87歳、男性81歳。しかし、**自立した生活が送れる「健康寿命」**

はそれより約10年早いのです。男性72歳、女性74歳です。

確かに、厳密には「健康寿命」は即「法的な死」ではありません。しかし、本人が意思表明できないと、財産的にはほぼ同じで、財産凍結されてしまいます。

昔は認知症になってから亡くなるまでの期間は短いものでした。だから、平均寿命と健康寿命の差はさほど問題にはなりませんでした。しかし、延命医療が進み、介護期間は長期化しました。すると、この間の介護費用の負担が増大して、社会問題になっています。

これと並行して、核家族化が進み、特に〝妻〟の意識も変化しました。相続人の権利意識も高まり、相続で受ける財産に目が向きます。生前に家族が預金を引き出すことに対して、他の相続人が「勝手に使い込んだ！」と争いになるため、**銀行ももめ事に巻き込まれたくないため、引き出しに厳しくなりました。**住まなくなった「実家」も同様で、司法書士も本人の売る意思確認義務があるのですが、認知症ではそれも叶わず、不動産屋さんも法務局も受け付けませんから、売れずに廃墟化が進み、全国的に**空き家が問題化**しました。

世の中では相続で空き家が増えていると認識していますが、本当の原因は生前に起きているのです。

2 「法的な死」になる確率は高い

認知症は平穏な生活のなかでも高確率で発症します。厚労省の推計が次頁上図です。**2025年には700万人。なんと65歳以上の高齢者5人に1人の確率、つまり20%**です。

このため、本書では「法的な死」の代表例を認知症としてお話ししていきますが、「法的な死」の原因は**認知症だけではありません。**

交通事故や脳卒中などで意識不明になることもあります。当然、そうなると本人による法的な行為はできませんから、**これらを合計すると「法的な死」になる確率はもっと高い**のです。

まさに、人生の末期に起こる社会問題ですらあります。

認知症患者は増加する見通し

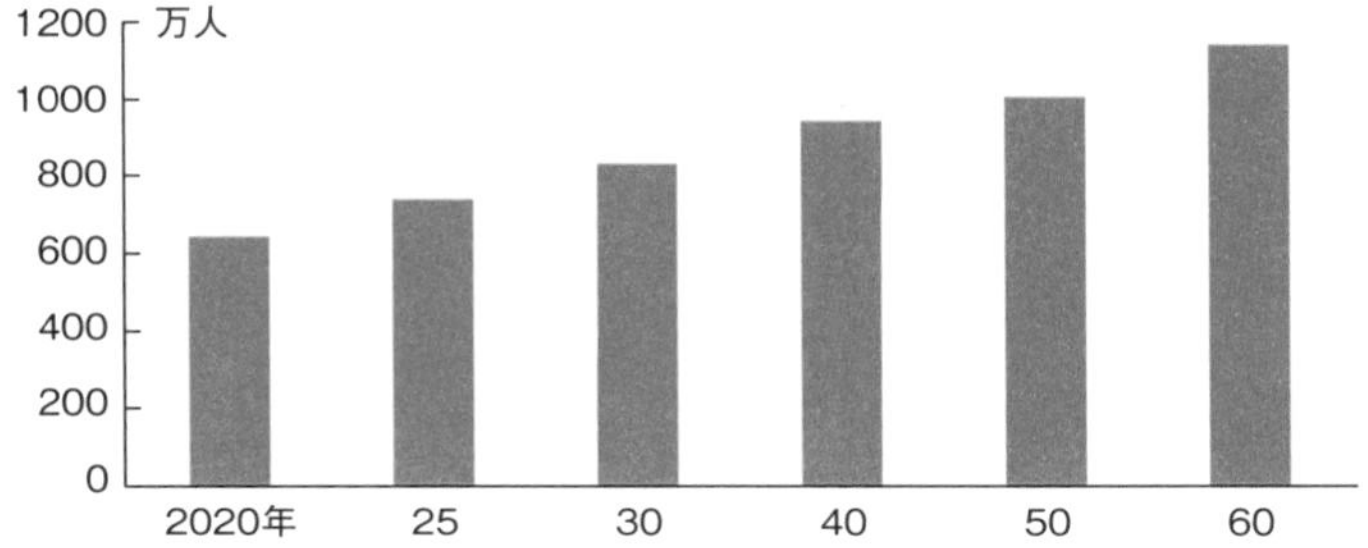

介護が必要となった主な原因(要支援者を含む)

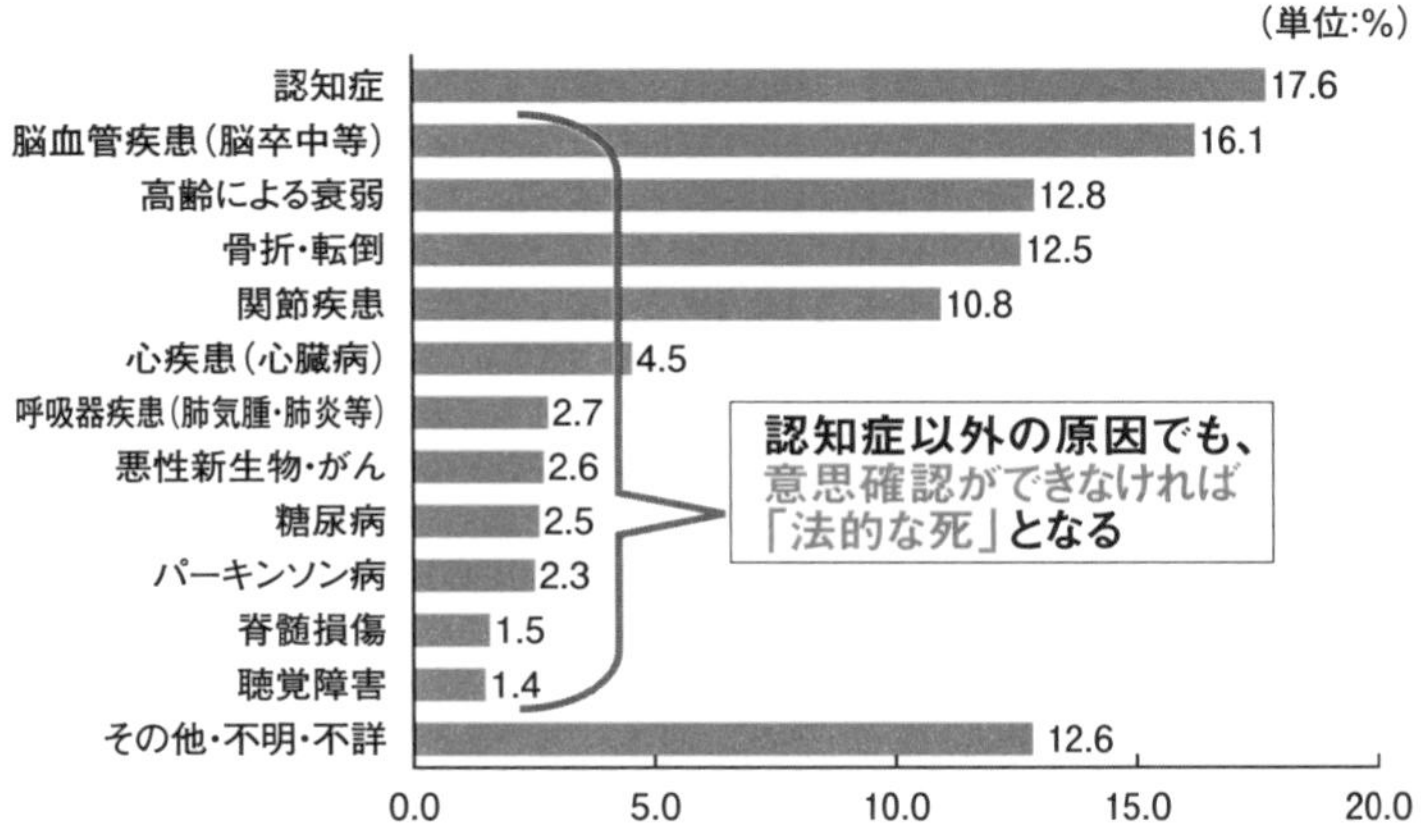

厚生労働省「国民生活基礎調査」/2019年

3 認知症などで「法的な死」になった後はどうなる？

厳密な意味での「法的な死」は、もちろん医師の死亡診断書による死です。ですから、本書で「法的な死」というのは、生きているが自分自身の意思で**法的な手続きや契約ができなくなること**です。

その影響を、**3つの側面（預金・老人ホーム・実家）**から順次お話ししていきます。

❶ 預金

認知症になると、同居家族でも認知症の方の預金を引き出せなくなります。**まだ本人は生きているのですから、家族の財産ではなく、本人の財産**だからです。

キャッシュカードで10万円程度なら、暗証番号を知っていれば出せます。しかし、**まとまったお金を窓口でおろそうとすると銀行が認めてくれません**。

家族でも預金が引き出せなくなる

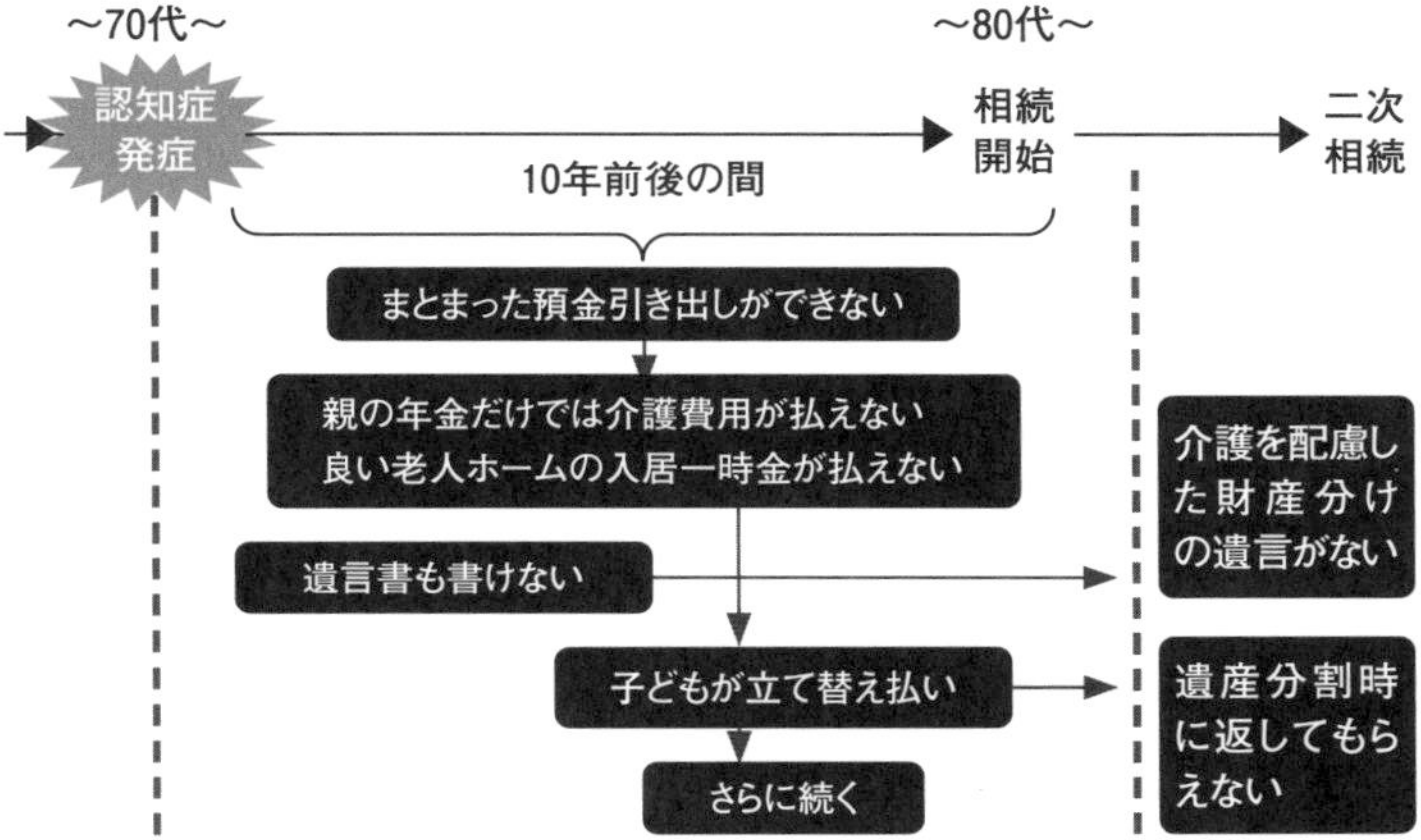

こうなると介護費用の支払いにも困ります。親の年金で足りない分は、**子どもが立て替え**なければなりません。

ところが立て替えても、**相続のときに返してもらえる保証はない**のです。既に遺言書も書けませんから、介護という親孝行をした配慮もされません。

「**長男の当然の義務だ**」と言われ、大目に遺産を分けてもらえるとも限りません。

実際の介護をするのは多くのケースで、子どもの嫁がします。しかし、**妻は相続人ではありませんので、法的な相続分はありません。**遺言書で「嫁に遺贈する」と書くのがよいのですが、認知症になるともう書けません。

こうして、相続後の「争い」の種をたくさん作ってしまうのです。

❷ 老人ホーム

介護は自宅でするのが親の精神上でも最もよいものです。しかし症状が進み24時間介護となると介護費用も高くなります。さらに、徘徊《はいかい》や暴力へとエスカレートしてくると家族介護は無理です。老人ホームに入居してもらわなければ介護離職などになり、親子共倒れに陥ることになります。

親の預金があるのに引き出せず、老人ホームの入居一時金を立て替えるとなると、子どもにも生活がありますから、残念ながら親を安い施設へ入れることになります。

そんなときに人気がある老人ホームが**「特別養護老人ホーム」（「特養」）**です。なぜ人気があるのか？　それは入居一時金が不要だからです。

ただし入居には、制限があります。介護保険には要介護度の1～5のランクがあり、特養は、**要介護3以上が入居要件**です。しかし**相当進んだ認知症の方でも、自分で動ける人は「要介護1」とされて要件を満たしません。**私の担当した案件でも、自分の名前もわからないのに、歩けるので「要介護1」でした。だから特養に入れませんでした。

次に安いのが、「グループホーム」です。ここは、認知症の進行を遅らせる目的で共同生活をする介護施設です。しかし、症状が進むとここも入居できません。入居できても、**入居中に認知症の症状が進むと退去**になることもあります。

こうなると、**多くは「介護付き有料老人ホーム」しか受け入れてもらえません。**しかし、都市部では、**高額な入居一時金（平均1000万円）**が必要になることもあります。

財産凍結に対して、一部の銀行では代理人カードによる方法など〝少額の引き出し〟が可能になりつつありますが、まだまだ不十分です。

加えて大変なのが、高齢者ですから、よく入居中に別の病気を発症します。すると、**入居費用のほかに医療費が必要になります。**

当然、これも子どもが立て替えることになります。

❸ 実家

老人ホームに入居することで、実家が空き家になります。**持ち家の比率は80％と高いの**で、これは見逃せない論点です。

空き家でも固定資産税はかかります。火災保険も続けなければなりません。これだけでも、年間何十万円もかかることがあります。庭の草は伸び放題で、やがて近所からクレームが来るようになります。東京23区内でも、庭木の果実を狙って**猿も出没します。地方都市では猪、さらには熊**さえ出没します。

家の中に風を通さないとカビが生え、雨漏りして一気に家の傷みが進み、浮浪者の住み家になります。売却価額も下がりますから、時折行って**メンテナンスしなければならなくなるので水道や電気は止められません。**

その費用負担や手間が約10年、いやもっと続くかもしれません。

負担を減らし、良い老人ホームに入る資金のために、**実家を売ろうとしても認知症では契約ができません。**

不動産屋さんも司法書士も認めてくれません。もちろん法務局も登記を受け付けてはくれません。

実家も売れなくなる

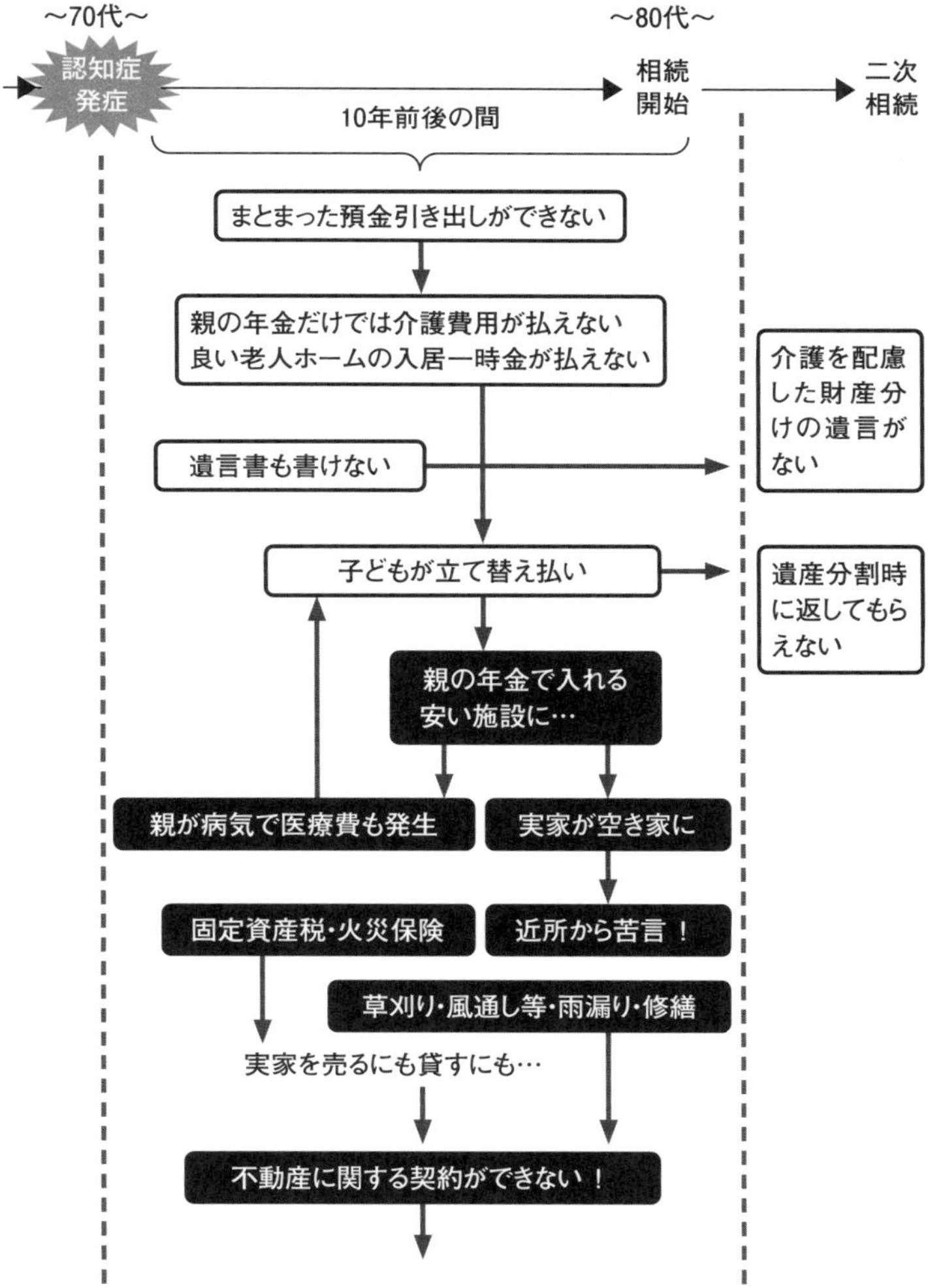

〜70代〜
認知症
発症
〜80代〜
相続
開始
二次
相続
10年前後の間
まとまった預金引き出しができない
親の年金だけでは介護費用が払えない
良い老人ホームの入居一時金が払えない
介護を配慮した財産分けの遺言がない
遺言書も書けない
子どもが立て替え払い
遺産分割時に返してもらえない
親の年金で入れる
安い施設に…
親が病気で医療費も発生
実家が空き家に
固定資産税・火災保険
近所から苦言！
草刈り・風通し等・雨漏り・修繕
実家を売るにも貸すにも…
不動産に関する契約ができない！

多くの人にとってマイホームの取得や売却は一生に何度もあることではありません。それが、老人ホームという**「終身利用権の買い」**と**「実家の売り」**との両方が同時に起きるのです。これは、**返金が危うい〝極めて特殊な権利〟の買いと、売却が困難な〝中古の不動産〟**です。

実家を売却しないとすれば、貸すのか？　取り壊すのか？　新たな経営をするのか？　売る以上に大変な意思決定が必要ですが、認知症ではそれもできません。家族側に余程の貯えがあれば別ですが、通常はそんな余裕はありません。

だから、それは、**どこの家庭でも起こりうる、今そこにある危機**なのです。

親が貸家・アパート住まいなら、これらの問題はないでしょうが、逆に、実家を売って入居一時金を工面するという手段もないことになります。

親の自宅に子どもが同居しているときは、自宅は売れません。この場合、施設への入居一時金の工面が別途必要となり大変です。

多くの親が口癖のように「子どもに迷惑をかけたくない」と言っているはずなのに。何も対策をしないまま親の判断能力が失われると、子どもにはこんな重い負担が待っています。そのしわ寄せは親自身にも及びます。「まだ生きているんです」、なのに自分の財産がままならず。サービスのよい施設にも入れません。

「実家」のついでにお話しすると、**不動産は実家だけではありません。**親がアパート経営をしていたら、家賃交渉や入居者管理が必要です。修繕工事の契約も必要です。大規模修繕をしないまま老朽化すると家賃が下がって、廃墟化する悪循環です。いわゆる「負動産」化で、これもご近所のクレームを招きます。

事業経営者は、最高意思決定者が何もできないのですから、もっと大変です。事業経営では、従業員の生活がかかっています。お客様や取引先にも迷惑がかかります。しかし、これは複雑過ぎるので税理士等の専門家に依頼するしかありません。本書では一般の人に限定します。私自身が実践している一挙に解決する方法もあります。ところが、その専門家が経営者の認知症対策に無関心なのが気になります。

❹ アリ地獄の「成年後見制度」に陥る！

どうしても認知症になった親の預金を引き出したい、実家を売りたいときには、どうするか？　そのときに、金融機関や不動産屋さんが勧めるのは「成年後見制度」です。

これに基づいて「法定後見人」（弁護士等）を付けるのです。もちろん、費用がかかります。**最初に数十万円。月々3〜6万円。しかも認知症の親が亡くなるまで。仮に月額5万なら、年間60万円、10年で600万円！　これは途中で止めることはできません。**

しかし、これでも結果としては、大金はおろせず、多くは自宅も売れないのです。**後見人は認知症になった方を徹底して守り抜きます。**だから財産が減らないように、死ぬまでに使い切らないように、最低限の額しか引き出しを認めてくれません。

令和４年冬の**NHKの『クローズアップ現代』で成年後見人制度の欠陥を報じて**いました。認知症になった親の唯一の楽しみであった「温泉に入りたい」も叶えられないのです。「温泉に行くのであれば認知症が治る診断書を持ってきなさい」との情けのない対応に唖然としていました。

令和4年9月に国連は「日本の制度は差別的である」として廃止を勧告するに至ってい

るのです。

自宅の売却については、老人ホームの退去など、万が一のときに戻る所がなくなるので、これには否定的です。特に、預金があるときは、成年後見人の管理のもとで、その預金を使い切らないと自宅売却を認めてくれないのです。成年後見人のケチケチ支出で、預金を使い切るには、数年どころか10～20年かかります。その間、親に不自由な思いをさせて、預金を使い切る前に親は亡くなってしまいます。まさにアリ地獄です。

しかし、**認知症になってしまったら、これを選択するしかなくなるのです。だから、繰り返しますが、認知症になる前に対策をしなければならない**のです。

❺「家族信託」のメリット――まとめ

これまでのことをまとめると、次ページの表のようになります。対策である「家族信託」をするか？　しないとした場合、認知症になってしまった後に、成年後見人制度を利用するかどうかの一覧です。

その他に、成年後見人制度のもう一つの「任意後見」の選択があります。しかし、後でお話ししますが、結局は「法定後見」のように縛られ、費用も同等程度にかかるので、これもお勧めできません。

なので、この表のように明らかに認知症になる前に「家族信託」をする方が有益です。

何もせずに認知症になってしまうと、「デメリット」にあるように、**財産凍結されて、相続対策もできず、加えて10年間としても700万円程度**かかってしまうのです。

しかも、この表には書いてありませんが、**その分だけ、相続財産も減ってしまう**のです。

それでも、「家族信託」をしていない方がいまだに多いのは、❶「家族信託」自体が、専門家も含めて、まだあまり知られていない。❷認知症になって財産凍結になることも知らない。❸何とかなると思っている…などがあげられます。

❸については❶❷を知らないことも影響しています。特に❷については、世の中がコン

「家族信託」をするメリット

	対策をする!	対策をしなかったら…
手段	家族信託	成年後見制度（法定後見）
何をするか	生前〜死後の財産管理等	生前のみ財産管理等
初期費用	30〜100万円程度 （自分ですれば6万円ほど）	30〜50万円程度
月々の費用	0円	3〜6万円程度
10年間費用	初期費用のみ	390万〜770万円程度
デメリット	認知症にならなければ不要（しかし認知症になる確率は高いし、死因高順位の脳卒中・心筋梗塞や事故で突然意思能力がなくなる可能性もある）	認知症になると財産凍結となり、自由な財産活用ができない。結果的に、実家売却に役立たない 相続でもめる種を作ったまま、相続対策もできない
メリット	大部分の財産凍結を回避。準備のなかで、相続対策ができ「シンプル相続」につながる	認知症にならなければ不要

プライアンス（法令遵守）という〝手続き〟にうるさくなっていることへの認識が薄く、「それは大企業の話でしょ」に留まっているのです。そうです、銀行は大企業ですよね。

また、「何とかなる」というなかで、多くの親が言う台詞《せりふ》が**「うちは仲がよいから」とか「そんなに財産がないから」です。しかし、それは幻想にしか過ぎません。**

〝仲がよい〟のは、親がまだ生きていて、財産の分配が始まっていないからに過ぎません。亡くなってからは、昔のような家督相続で長男が全部を相続、とはならない世の中です。子どもはそれぞれ生活があって、ローンの返済・教育費の負担を背負って精一杯です。「もらえるものなら欲しい」と思っています。子どもの配偶者も黙ってはいないものです。それがご時世なのです。

〝そんなに財産がないから〟、これもよく聞く台詞ですが、多くのケースでは「そんなに」は謙遜にしか過ぎません。

申告のお手伝いをして徐々に財産が明らかになってくるにつれて、人は、こんなに財産があっても、「そんなに財産がない」と思い、あるいは感じているんだなぁと痛感します。持ち家率8割ですから、それだけで都内なら一財産となり得ます。

百歩譲って、財産が本当に少ないとしても、少ないからこそ、それをめぐってもめやすいのです。司法統計によれば、**家庭裁判所の相続紛争の7割が、相続税すらかからない5000万円以下**なのです。

そんななかで、親が認知症になって、前頁までのようなことが起きたら、相続のときに家と僅かな預金をめぐって家族のあいだで骨肉の争いが起きてしまいます。裁判所のお世話になれば、当然、**時間もお金も手間もかかります。**

その間、家族でいがみ合って精神的によいわけがありません。現に10年以上にわたって、裁判をやり続けている家族が少なからずいるのです。

ところで、皆さんのお家では、**火災保険を掛けていますよね。**

しかし、自宅が火災になる確率は、0・1%以下です。

また、車に自賠責以外の任意保険を掛けていますよね。死亡事故などの重大な自動車事故の確率もまた、0・1%以下です。

多くの方は、一生のうちで、火災も出さず、死亡事故も起こしません。しかし、年間何十万円もの保険を掛けています。

それなのに、20%以上にもなろうという「法的な死」に対して何も対応をしていないのは、❶家族信託❷財産凍結について、社会全体が無知なのです。

家族信託をしなければならないという常識に、社会がなっていないのです。

皆さんが、火災保険や自動車保険に加入するときには、熟慮などせず、常識のように思って加入された方がほとんどだと思います。

認知症の薬の開発が進んでいますが、進行を3年程度遅らせることができる…つまり、治せないのです。

認知症になってしまったら「財産凍結」となり、その後に薬を飲んでも役に立ちません。
それならば、認知症の保険に入ればいいじゃないかと思われるでしょう。確かに、認知症の保険は、月々の介護費用の支えにはなるでしょう。しかし、保険一時金は、100万円程度（最高で500万円）で、老人ホームへの入居一時金にも不足します。しかも、多くは要介護度2で支給されるので、初期認知症は要介護1の判定になってしまうので対応できません。

なぜかといえば、死亡保険金と異なり、**認知症は極端な話をすれば、〝仮病〟が容易だからです。認知症になったら即！　何千万円の一時金が受けられる保険はありません。**

さらに、**認知症保険では、自宅を売ることについては、まったく無力**です。信託銀行の認知症対応の預金も同様で、自宅は売れません。

でも、認知症にならなかったら「家族信託」に掛けた費用は無駄じゃないか、と思われますか？　それは火災や自動車事故に遭わなかったら保険料が無駄になると考えるのと同じです。起きるかどうかわからないからリスクなのです。認知症になって、成年後見人を付けたら700万円前後かかるかもしれません。その分、遺産も減ってしまうよりは、親の介護のことも考えて「家族信託」の契約をするべきなのです。

そして**認知症にならなくても、相続の準備ができてシンプル相続の道筋が立ちます**。すなわち、「家族信託」をする過程で、中心的な財産である実家と入居一時金に充てるための親の預金などが把握できるのです。すると、実は芋づる式に他の財産もわかってきます。まだ生きている親に聞けるのですから、**相続のときに困る第一原因の「財産の明細」の大部分を明らかにすることが、親の介護の準備の安心を得つつできる**のです。

ここまで言っても、多くの方が踏み出しません。

火災保険や自動車保険のように、**社会的な常識**になっていないので、左右を見て、「皆がやっていないから」と放置しているのです。

まして、それに30～１００万円の費用がかかるので二の足を踏んでしまうのです。

私のお客様でもそうです。でも、そうこうしているうちに、ポツリポツリと手遅れが発生してきてしまうようになりました。いざそうなってから「先生に言われたときに家族信託をやっておけばよかった」と泣き言を言われても、どうにもなりません。

だから本書では、**「自分でやれば6万円のコース」も考えました。家がなければ3万円でも可能**です。でも手間がかかることだけは覚悟してください。もはや、私の儲けのことではないのです。社会的な啓蒙活動だと思って本書を書きました。

それから、世の中の常識に反することを、もう一つ、誤解を恐れず申し上げます。

世の中では、「認知症が疑われたらお医者さんへ」となっていますが、違います。万一、認知症の診断などされたら最後、「財産凍結」なのです。だから、新しい常識はこうです。**「認知症が疑われたら、即、家族信託！」。それが最後のチャンス**です。そして、家族信託が済んだら、そこではじめて「お医者さん」です。本当は、70歳を過ぎたら家族信託をしておくことです。若年性認知症ということもあるので、一刻も早い方がよいのです。

(6) 本書の方向性

繰り返しますが、多くの相続対策は、もめないことと相続税の対策という子どものためのものです。

しかし、それは親の死後のことでしかありません。**これでは親のメリットはないので、親もその気になれません。だから親に財産のことを聞きにくいのです。**まして多くの家庭では、相続が起きるまでは仲良し家族なので、先にお話ししたように**「うちは仲がいいから」とか「そんなに財産がないから」と言っているうちに手遅れになってしまうのです。**

この本では、**相続対策が、即、親の介護のためにもなる**ように以下のことを目指します。

①　財産凍結を避け、**親に合う24時間自宅介護や老人ホームで、良質の介護が得られる。だから親を説得できるのです。遺言を書くだけでは親のメリットはありません。**
②　家族信託をするのは実家と預金の一部ですが、その過程で親の財産が明確になります。すると、**「相続のときの財産明細がわからない」を防ぎ、生前に相続対策が立てられるよ**うになります。
この結果、負担を減らし、相続争いを激減させ、**「シンプル相続」が達成できます。**

このため、次が主な内容になります。

①　**数ある施設のうち、認知症による終身介護の有料老人ホームを中心に**する。
（他の施設でも不可能ではありませんが、難しいためです）
②　**家族信託**の上手な**作り方**（安く自分でやる方法・面倒なので専門家に任せる方法）。
③　しかし、家族信託も**万能ではない**ので、**認知症に絞る。**
④　**簡単で安い、遺言書の書き方。**
⑤　**令和6年からの贈与税改正に対応する方法。**
⑥　相続の前後に起きる**実家の売却や二次相続までの広範な対策を網羅する。**

こんなにハイリスクな認知症なのに……

第2章

認知症になる前に「家族信託」で〝事前相続〟

1「家族信託」とは？

「家族信託」は信託銀行の信託とはまったくの別物です。

家族信託とは、子どもが**親に代わって親の財産の管理や処分ができる契約です。もちろん、親の介護のためという目的に沿っていなければなりません。**

子どもが行うので基本的に無報酬です。ですから、信じて託せる子どもがいないとできません。そういうケースでは信託銀行にお任せするのですが、当然相当な費用がかかるので、それは富裕層向けです。

それでも、簡単に「信じて託せる」とは言えないものですね。普通の仲良し家族であれば大丈夫です。その点は、お互いにチェックできるように契約書のなかで補えます。「子どもが信じられない」といっても、**認知症になったら任せるしかない**のです。

「家族信託」とは？

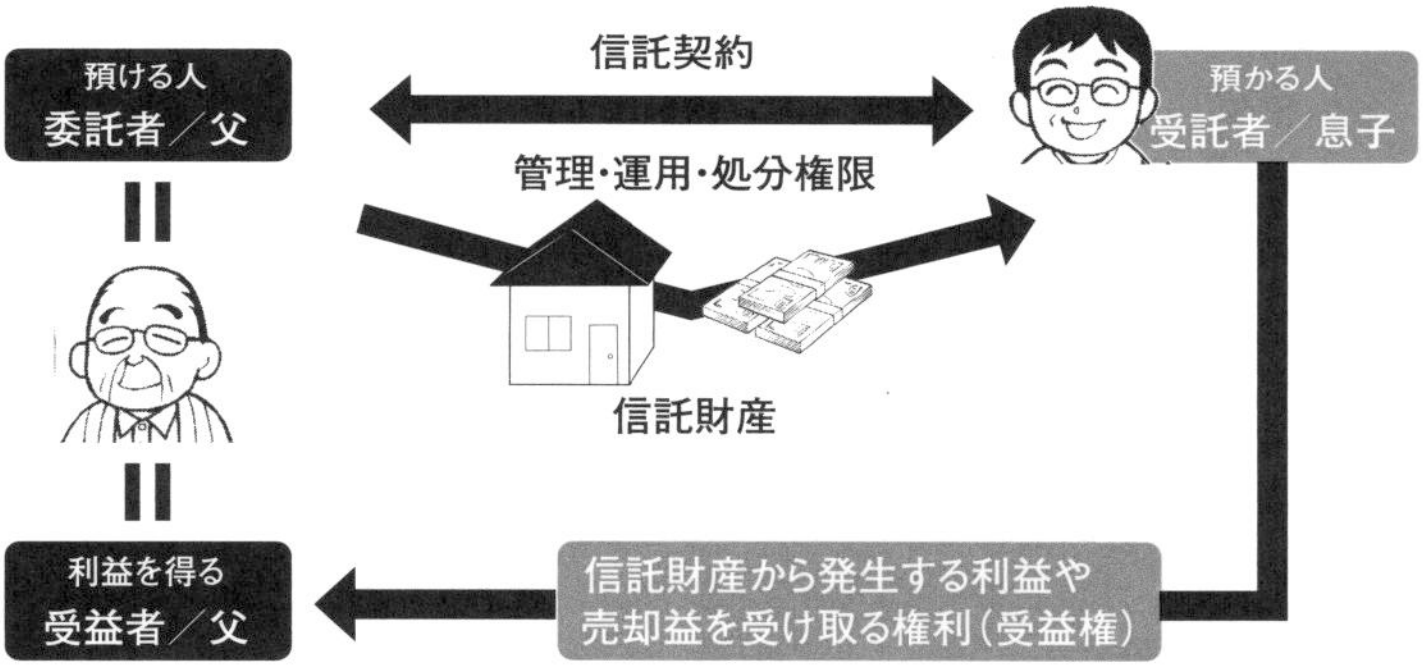

死んだらどのみち、どう使われようとも文句は言えませんよね。

さて、遺言書を書いて、子どもたちに財産を渡すのは、亡くなった**後**のことです。

家族信託は、亡くなる**前に、財産の名義だけを子どもの名前に変えます**。

「そんなことをしたら贈与税がかかる！」と心配されることでしょう。大丈夫です！

それは、上図のように、親が子に任せて、任せた結果の利益は、親のものになるからです。

つまり、子どもは、親の財産を預かって管理・運用・処分をするだけで、その結果の利益は親のものになるからです。

ところで、子どもが親から預かった財産を、

信託は名義だけを付け替えてくれる

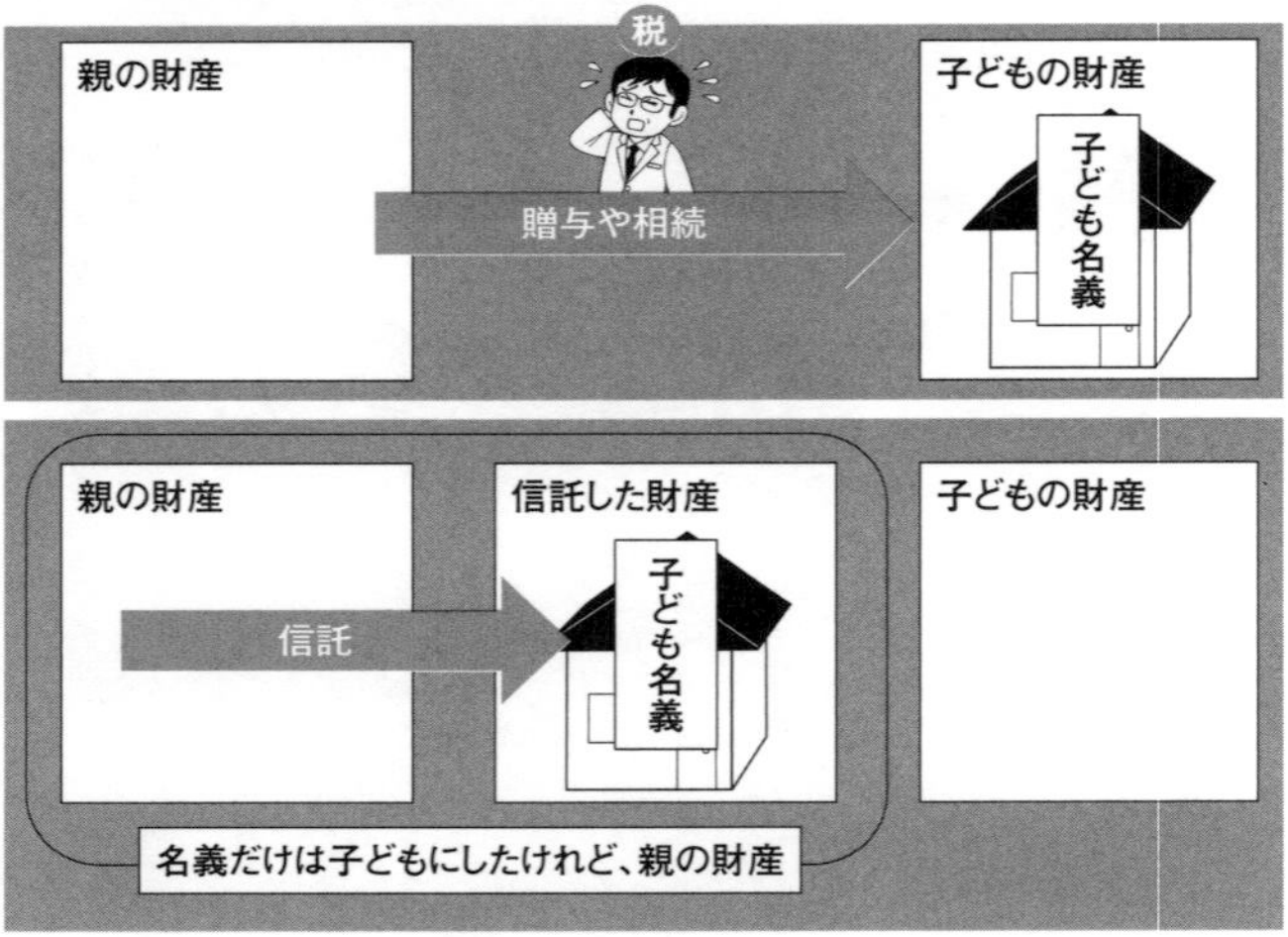

たとえ親のためとはいえ、**自由に預金を引き出したり、実家を売ったりするのは、自分の名義でなければできません。**

ですから、**信託は、名義だけを付け替えてくれる法律制度なのです。**だから、その預金を引き出したり、実家を売った利益や損は、親のものとなります。

このあたりは、はじめは奇妙な感じがするでしょうね。これがなかなか普及しない原因でもあります。しかし、平成20年の信託法の改正でちゃんと認められた法手続きです。まあ、読み進めていくうちに理解できるでしょうから、あまり深く悩まないことです。

たとえば昔、生命保険が普及し始めた

子どもは全権を持った管理人になれる

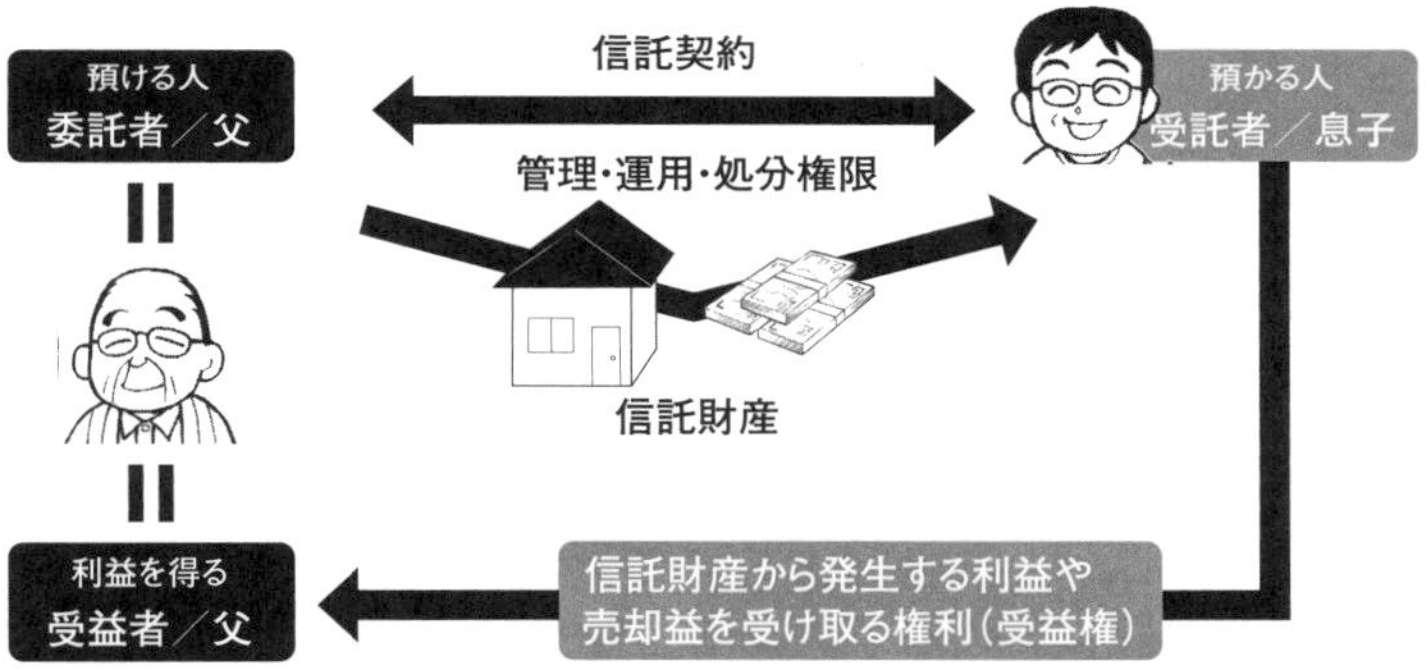

頃、「え〜っ！　死んだら金がもらえるの？　それって犯罪じゃないの？」と思ったものでした。

信託契約で子どもは、任されるので**「受託者」**になります。

親は、自分の財産の管理・処分を委託するので**「委託者」**になります。

こうして「受託者」である子どもは、親の財産の管理・処分ができるようになります。

その結果の利益や損は、親のものになりますから、親は**「受益者」**でもあります。

自分（親）の財産で自分（親）が利益を得るので、**贈与税もかかりません**。

簡単にいえば**「子どもは、全権を持った管理**

人」になれるのです。

ですから、引き続き親の財産であることに変わりはありません。この点、**親に安心してもらうことが大切です。**

ですから、親が亡くなったときに、信託財産は、相続財産となります。

これが家族信託の大まかな仕組みです。後でお話しする契約書を作ります（95ページ参照）。

前ページの図の中央にある**「信託財産」は、通常は、実家と現金です。**現金は、「実家の管理」のために必要な額と、親の預金に余裕があれば、さらに「老人ホームの入居一時金」に充てられる額を加えた額というのが基本です。

「実家の管理」とは、固定資産税と火災保険や将来の修繕費の見積額となります。

ここで重要なのが、「固定資産税や火災保険はいくら？」と親に聞けるということです。

以後、いろいろな場面で、**こうして、親のために必要なことをするために、コミュニケーションを図り、財産の明細を少しずつ明らかにしていく**のです。

年間30万円なら、とりあえずは10年分の３００万円として、我が家のケースでは、修繕

家族信託の7つのメリット

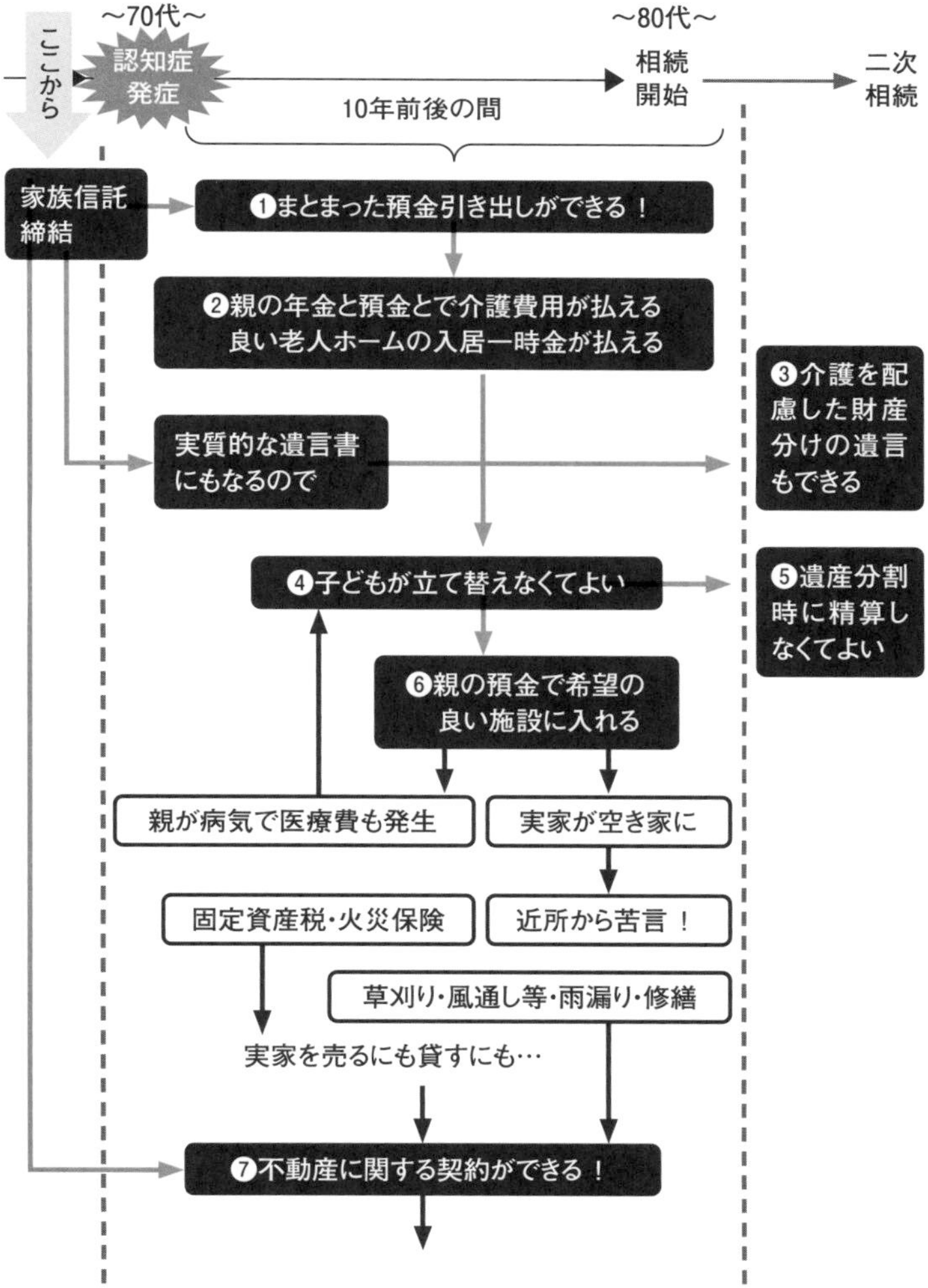

〜70代〜
〜80代〜
ここから
認知症発症
10年前後の間
相続開始
二次相続
家族信託締結
❶まとまった預金引き出しができる！
❷親の年金と預金とで介護費用が払える
良い老人ホームの入居一時金が払える
❸介護を配慮した財産分けの遺言もできる
実質的な遺言書にもなるので
❹子どもが立て替えなくてよい
❺遺産分割時に精算しなくてよい
❻親の預金で希望の良い施設に入れる
親が病気で医療費も発生
実家が空き家に
固定資産税・火災保険
近所から苦言！
草刈り・風通し等・雨漏り・修繕
実家を売るにも貸すにも…
❼不動産に関する契約ができる！

費なども余裕を大幅に見込んで1000万円としました。

大目にしておいて、親が必要なときには、基本的には親の財産なので、親に戻すこともできます。

「老人ホームの入居一時金」は、親の預金に余裕がある場合で結構です。実家を売って入居一時金に充てることができるからです。それでも、入居時に直ぐに実家が売れるわけではありませんので、信託財産にしておくとスムーズに対応できます。

金額については、地域によって様々ですし、まだまだ将来のことですから、わかりませんので、半ばエイヤーと決めます。とりあえず有料老人ホームの入居一時金の平均額1000万円としておきましょうか。

これでいつ親が認知症になっても大丈夫です。前ページの図のように家族信託には7つのメリットがあります。信託財産にした親の預金は、受託者である子どもが引き出せます。自宅での24時間介護も、老人ホームの入居一時金にも親の預金で対応できます。だから、相続後にもめやすい、「子どもの立て替え払い」をする必要もありません。

また、**家族信託は、実質的に遺言書とすることもできます**。たとえば、介護に配慮した財産分けを信託のなかに組み込むこともできます。

さらに、**遺言書は書換えが自由ですが、家族信託は書換え禁止もできます。**

だから、受託者となった子は、安心して親のために尽くせるのです。親の希望に沿う、良い老人ホームに入居する可能性も、もちろん高まります。

しかし、実家が空き家になることには変わりがありません。**それでも、実家を売ることや貸すことも、受託者である子どもができるのです。だから、あたかも相続して、子どもが自分の財産となったものを処分できるようになったかのようなのに相続税のかからない「事前相続」とも言えるのです。**

こうして、まずは最大の危機だけには対応できるように備えておきます。

＊＊＊＊＊＊＊＊＊＊＊＊＊＊＊＊＊＊＊＊＊＊＊＊＊＊＊

家族信託は歴史の浅い法律制度です。**あなたもご存じでないのですから、親も兄弟も、ほとんどが知りません。まずは、家族信託を知ってもらうために家族への「家族信託の説明」が必要**です。

従来よく言われていた、遺言書や相続対策のための「遺言会議」では重々しい感じがします。それに親にとっては生前のメリットもないし、自分の「死」が前提ですから、親も気乗りがしません。

しかし家族信託は、親自身がメリットを受け、子どもにも迷惑をかけません。そんな良い制度であることを知ってもらうのが家族への**「家族信託の説明」**です。

また、**遺言や遺産分割と異なり、親は全財産をさらけ出す必要もありません。**教えてもらうのは、実家と管理費用分の預金だけですから、**合意も得やすい**のです。

合意といっても、**絶対必要な合意は、親だけ**です。親が自分の財産を子どものうち、一人に任せるという契約ですから二人でＯＫです。しかし、**他の相続人となる家族への説明がまったくないと、後でもめる元になりますから、説明はしておいた方がよい**のです。

＊＊＊＊＊＊ 家族信託の説明と合意 ＊＊＊＊＊＊＊＊＊＊＊＊＊＊＊＊＊＊

家族信託の説明は、一般的には次のように行い、合意を得るのがよいでしょう。

1．まずは、親への説明する

私はよくＮＨＫの家族信託のニュースなどの録画を観てもらいます。信頼性も高くて安心感を持ってもらえます（ご希望の方に無料でお渡ししています）。その後、この本を使って、親自身のためになることなどをフォローして、親の同意を得ます。

2．公証人役場に行き相談する

第3章の「家族信託」の具体的なやり方に従って、公証人役場で相談します。そのときに家族構成や心配事を公証人に伝えて、88ページの「第二受託者」などの役割を他の家族に担当してもらったらよいかを相談します（担当がいなくても構いません）。

3．他の家族に、家族信託の説明をし、役割分担の協力を得ます

1と同様に、家族に説明をし、2で公証人に相談した役割分担をする格好で協力を得ます。親と二人だけで家族信託は成立しますが、後々もめないためです。

2 忙しいあなたが優先すべきこと

相続は**一般に考えるよりも遥かに複雑な問題で、専門家でも学ぶのは大変**です。

なんといっても人一人の全財産がタダでもらえる。不謹慎ですが、確率100%の宝くじなのです。だから「放置しておいても大丈夫」「今は忙しいから」と、なにもせずに過ごしてしまいがちです。平和な日々に浸たりきって…。

「相続」は必ず、やって来ます。しかし、その日付はわかりません。

でも、それが**実質、一気に10年早く、近未来に大問題としてやって来るのです。**

しかも、それはあくまでも平均でしかありません。事故や若年性認知症もあります。認知症になった以降の**長生きリスク**もあります。70歳で認知症になり、**寝たきりで90歳まで**

問題は10年早く起きる

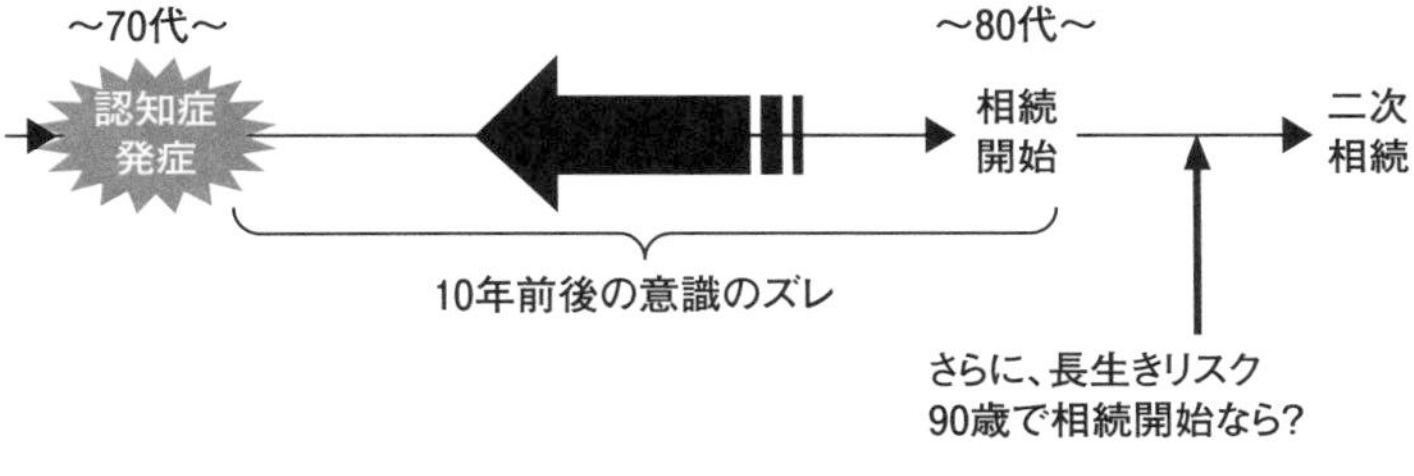

生きれば20年間の財産凍結です。

相続すれば、それは子どもの財産になるので、当然自由に使えます。しかし**「法的な死」である認知症では、まだ相続していないので使えません。**

それなのに、介護費用や入居一時金・実家の固定資産税に火災保険料等の出費。これらは容赦ありません。無駄な出費は抑え、欠かせない出費だけにする。さらに、**子が立て替えず、親の財産から払えるようにしたいのです。**

介護施設の入居費用は、**認知症では毎月25万円**ほどかかることもあります。それを親の年金だけでまかなうことは、ほとんどの人は不可能です。

何もしないでおくと、子どもの持ち出しになってしまいます。しかも、介護は**子育てと異なり、ゴールはなく、長生きはリスクになり得る**のです。人生100年時代は、決して良いことばかりではありません。

認知症になった親も、意識はあるので、自尊心があります。これが重要です。

感情面では、むしろ認知症患者は敏感で、大切に扱われなければ、暴れたりもします。親の蓄財を、幸せに感ずるように使わないと子も不幸です。

最近、微妙に増え続けている、親を手にかけてしまった悲惨なニュース。「早く死んでくれ！」「もう限界だ！」それは決して他人事《ひとごと》ではないのです。

そうなる前に、**親が認知症になる前の今が、余裕ある今が、決断すべきとき**なのです。

しかし、相続、特に「法的な死」は放置されがちです。なぜでしょう？

人は「やらなければならない」ことが、常に数十や数百はあるものです。

仕事だけでも、山のようにある。そして家族のこと、ご近所のこと。それぞれについて、お金や病気がからんで、急ぎの用件となります。

仕事の優先順位の判断に使える、スティーブン・R・コヴィー博士のデカルト座標にあてはめてみると次ページの図のようになります。まだ相続が発生していない今、相続・介

認知症対策は重要かつ緊急

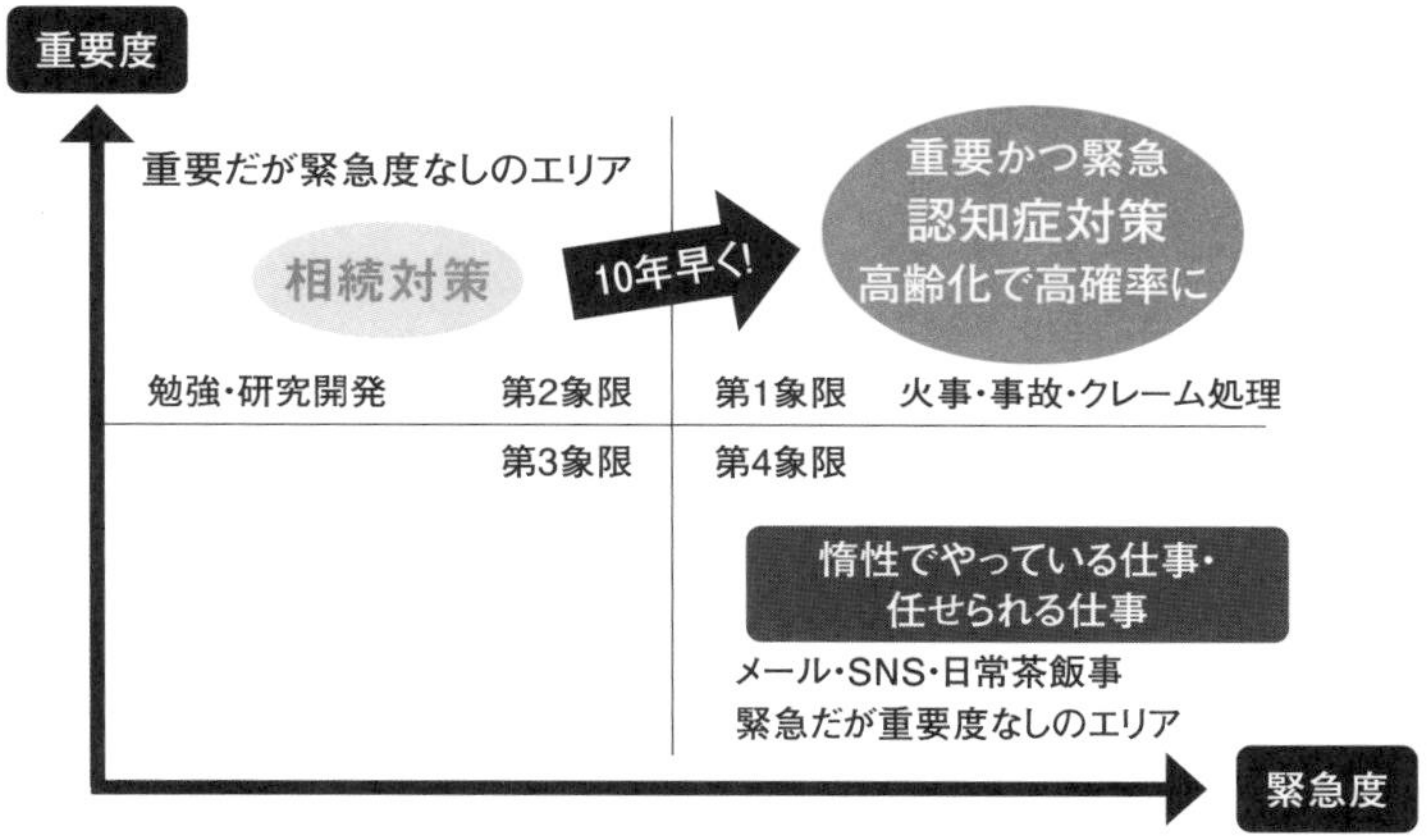

護対策は放置されがちで、第2象限に位置されてしまいます。「重要度」は高くても、「緊急度」が低いと思われがちなのです。

しかし、先にお話ししたように、それは**錯覚**なのです。「法的な死」は10年早くやって来る可能性が高いのです。それは実質的な相続です！

既に「緊急度」も高くなっている第1象限なのです。今のうちにやっておかないと間に合わなくなる**「今そこにある危機」なのに多くの人がそのことに気づいていません**。

認知症は「国民病」とまで言われつつあるのに、皆さん錯覚しているようです。

今、家族信託をしておけば、「法的な死」（認知症）になっても助かります。

つまり、**費用も時間も手間も大幅に節約することができるのです。**

それればかりか、やがて本当に相続になったときにも、効果があります。

つまり、手間暇を節約し、節税も図れ、家族間の争いも避けられるのです。

なぜなら、「家族信託」のプロセスのなかで、財産の明細がわかり、相続を見通して対策をすることができるからです。

なぜ、それが可能なのか？　一般の相続対策は**「相続＝死」のイメージ**ですが、家族信託は、親に生前のメリットがある**「信託＝生きる」のイメージ**だからです。

遺言書は親に頼みにくいけれど、親のためになる家族信託なら頼めます。子どもの負担回避にもなります。

こうして家族信託は、相続の前と後を通じて〝一気通貫で役立つ〟のです。

要は、一気にモードを切り替えるのです！　今、打つべき対策をするのです。

しかし「家族信託は初期費用が高い」と一般的には思われています。大丈夫です。**最低限で重大な認知症に絞り、それを手軽な方法で実現するのです。**

家族信託は、実はもっと奥深くて活用も千差万別です。それで迷ってしまいます。しかし、急がねばならないのは認知症対策です。つまり「法的な死」による財産凍結回避です。

リスク対策としては、**最悪の事態を想定しておき、**発生しなければラッキーです。**少なくとも損はありません。「家族信託」を通じて、相続の準備ができる**からです。

ちなみに、家族信託の際に実家の登記を調べることになりますが、このときに**親夫婦の両方の財産を調べるようにしてください**。

夫婦共に、別々の家族信託をするのが理想的ですが、費用もかかるので、認知症になったときの影響が大きい（通常は）父親を優先して行います。

また、夫婦二人の財産を調べることが、相続税の節税にもつながってきて「シンプル相続」を一層に進めます（200ページ参照）。

3 「家族信託」の費用…結局は安上がり

実家（不動産）に家族信託を設定するときに、登記等の費用がかかります。しかし、家族が受託者になりますから、その後の信託報酬などの費用がかかりません。

厚労省のデータによると、高齢者のみの世帯はこの10年で1・5倍増えました。子どもたちの多くは「忙しい人」で、仕事と家庭で忙殺されています。それは親と同居していても同じです。その分、親への対応が、残念ながら「おろそか」になっています。

「相続」は必ずきます。しかし認知症は必ずではない。それでも、確率は高く、いざそうなってしまうと、先に見てきたように周りは大変です。それは仕事と家庭を直撃します。それでは、次ページ表の「家族信託」の費用をもう**少し詳しく見比べて**みましょう。

家族信託は結局、安上がり

	対策をする!	対策をしなったら…
手　段	家族信託	成年後見制度（法定後見）
何をするか	生前～死後の財産管理等	生前のみ財産管理等
初期費用	30～100万円程度 （自分ですれば6万円ほど）	30～50万円程度
月々の費用	0円	3～6万円程度
10年間費用	初期費用のみ	390～770万円程度
デメリット	認知症にならなければ不要（しかし認知症になる確率は高いし、死因高順位の脳卒中・心筋梗塞や事故で突然意思能力がなくなる可能性もある）	認知症になると財産凍結となり、自由な財産活用ができない。結果的に、実家売却に役立たない 相続でもめる種を作ったまま、相続対策もできない
メリット	大部分の財産凍結を回避。準備のなかで、相続対策ができ「シンプル相続」につながる	認知症にならなければ不要

◆家族信託をしないで、認知症になったら成年後見制度で後見人が必要になります。後見人への支払いは月々３～６万円ほどで、これは亡くなるまで必要です。

認知症の期間が平均10年としても6万円×12か月×10年＝720万円に初期費用50万円で770万円！ これが認知症の１人ごとにかかります。

（東京家庭裁判所の基本報酬の目安は、管理財産額1000万円以下は月額２万円、1000万円超5000万円以下は月額３～４万円、**5000万円超は月額5～6万円**）

https://www.courts.go.jp/tokyo-f/vc-files/tokyo-f/file/130131seinenkoukenintounohoshugakunomeyasu.pdf

◆家族信託なら、最初のときだけ、**登記と専門家の費用**がかかります。財産額にもよりますが、**登記の費用を除き30～100万円ほど**です。

専門家に任せても、成年後見人制度で、アリ地獄に陥ったうえに、770万円かかるより、結局は安上がりなのです。

専門家の費用は、初期費用が5万円程度（信託財産が500万円の金銭のみの場合）からあります。しかし、別途契約書作成費用・登記費用などがかかります。

そして毎年の維持費用に3万円ほどにして分割払いのようにしているのです。

詳しくは、財産によって変わりますが、総合計では、先の100万円程度となると思います。ただし、短期間で亡くなると毎年の維持費がストップするので、安くなるかもしれません。「トリニティ・テクノロジー」や「ファミトラ」を検索してください。

手間と安全性を考えれば、家族信託の専門家に依頼した方がよいに決まっていますが、実はここが悩みどころです。

成年後見人制度のアリ地獄に陥るよりは遥かに安いのですが、まだその意識が醸成されていないため、専門家費用に対して「高い！」というイメージが先にきているようです。

私のお客様でもそうです。そうこう迷っているうちに手遅れになっています。

費用面で躊躇《ちゅうちょ》する方は、ご自身の手間をかければ、できなくはありません。

手遅れになるよりは、と考え**苦肉の策として、自分で行う方法を考えた**のです。

最低6万円ほどの登記の費用等だけで可能です（第3章参照）。

それでも、専門家による認知症への対策の家族信託は徐々に増えてきました。
「家族信託」の件数は、登記の件数を調べれば明らかです。日本公証人連合会の初調査で、
2018年に2223件だったことがわかりました。
家族信託は公正証書でする義務まではないので、総数はもっと多いでしょう。
それに対して、成年後見制度は伸び悩んでいます。つまり、**庶民はちゃんと良し悪しを**
嗅ぎ分けて合理的な選択をしているのです。

4 介護費用・入居一時金は年金でまかなえない

相続は生と死の二元論で考えてはいけません。オーバーラップするのです。それは2500年前のブッダの「生老病死」の悩みからも明らかです。

突然死を除けば、**生老病死の4段階で進行**します。それが、医療の発展で死に至る過程が長期化して、「法的な死」との間に10年間のズレを生じさせました。

「親が死んで財産を分けるとき、兄弟のあいだでもめたくない！」。皆そう思います。

その対策として「親に遺言書を書いてもらおう！」という話も聞きます。しかし、それでは生と死の二元論です。その間に「老と病」があるのです。

その間、親には豊かな老後を送ってもらいたい。できるだけ苦痛少なく。

つまり**「相続対策」や「終活」以前の「老い支度《じたく》」こそが必要**なのです。

老いを生きるための年金収入の平均額をご存じですか？

国民年金は月額約5万円、厚生年金は月額約14万円が平均です（出典：厚労省「平成29年度厚生年金保険・国民年金事業の概況」）。

これが年々厳しい年金財政のために、減る傾向であることもご存じの通りです。

これに対して**介護費用は、施設介護の場合で、月額平均11・8万円**です。

しかも**最も多い分布**の人数になるのは**月額15万円以上です**（生命保険文化センターの「生命保険に関する全国実態調査（平成30年）」）。

他に衣食住の費用も要りますから、多くのケースで年金だけでは不足です。

さらに、この調査によると、**介護期間の平均は、4年7か月（54・5か月）**です。

つまり、安く見積もっても、月額11・8万円×54・5か月＝**643万円。**両親共なら倍とはならなくとも相当な負担です。

別の調査では、介護に手間のかかる**認知症では、月額段階からは約2倍、25万円**とも試算されています。

ここでも認知症の、資金面での恐ろしさがみえます。

ここでは、介護保険の詳細にまでは踏み込みませんが、こちらも負担額の増加は間違いありません。

まだ難関があります。それは、**老人ホームの入居一時金**です。次ページの一覧表を見てください。目安に過ぎませんが、判断の基準になります。

認知症が進み**自宅で看護できないケース**で対象となるのは、次ページの表の◆印のところが中心です。

しかし、先にお話ししたように一番人気の特養は要介護3以上が要件です。**認知症だけでは、体は動けるので、要介護1ランクで、特養は入居不可です**。

では、グループホームは、といえば、認知症が進んだ状態では入れません。

ケアハウスは少なく認知症介護は難しいので、**残るのは、「介護付き有料老人ホーム」**です。

しかし、入居一時金が「0～数億円」と極端です。それには理由があります。**一般的に入居一時金が安いと、月額料金が高くなる傾向があります**。だから一時金0円なら月額料金40万円…というようにこの表を見るわけです。要は、仮に一時金の安い所に入れても、その後、年金だけではまかなえなくなります。

施設にかかる費用の目安

施設の種類（主な入所要件等）	貸主	入居一時金	月額料金(一人)
◆介護付き有料老人ホーム（個室）（病院連携で看護師常駐の施設もある）※近年は、特養に代わり安価な施設も出ているが長期入院等になると退去になることも	民間施設	0〜数億円	15〜40万円
住宅型有料老人ホーム　（介護なしのため本書の検討外）※参考表示	民間施設	0〜数千万円	10〜40万円
サービス付き高齢者住宅（基本は住宅で、介護サービスは外部の在宅介護サービスなどを利用のため月額料金が高額になる傾向で24時間は無理）	民間施設	100万円〜数千万円	15〜40万円
◆グループホーム（認知症進行を遅らせる目的で食事準備、清掃、選択などグループで負担して生活）※看護師なし	民間施設	10万円〜数百万円	15〜30万円
◆特別養護老人ホーム（通称:特養）（要介護3以上の要件、入居待ちが多い、個室はまだ3割程度）	公的施設	0円	6〜15万円(財産による)
◆ケアハウス（軽費老人ホーム型）	公的施設	数十万〜数百万円	15〜30万円

有料老人ホームの入居一時金

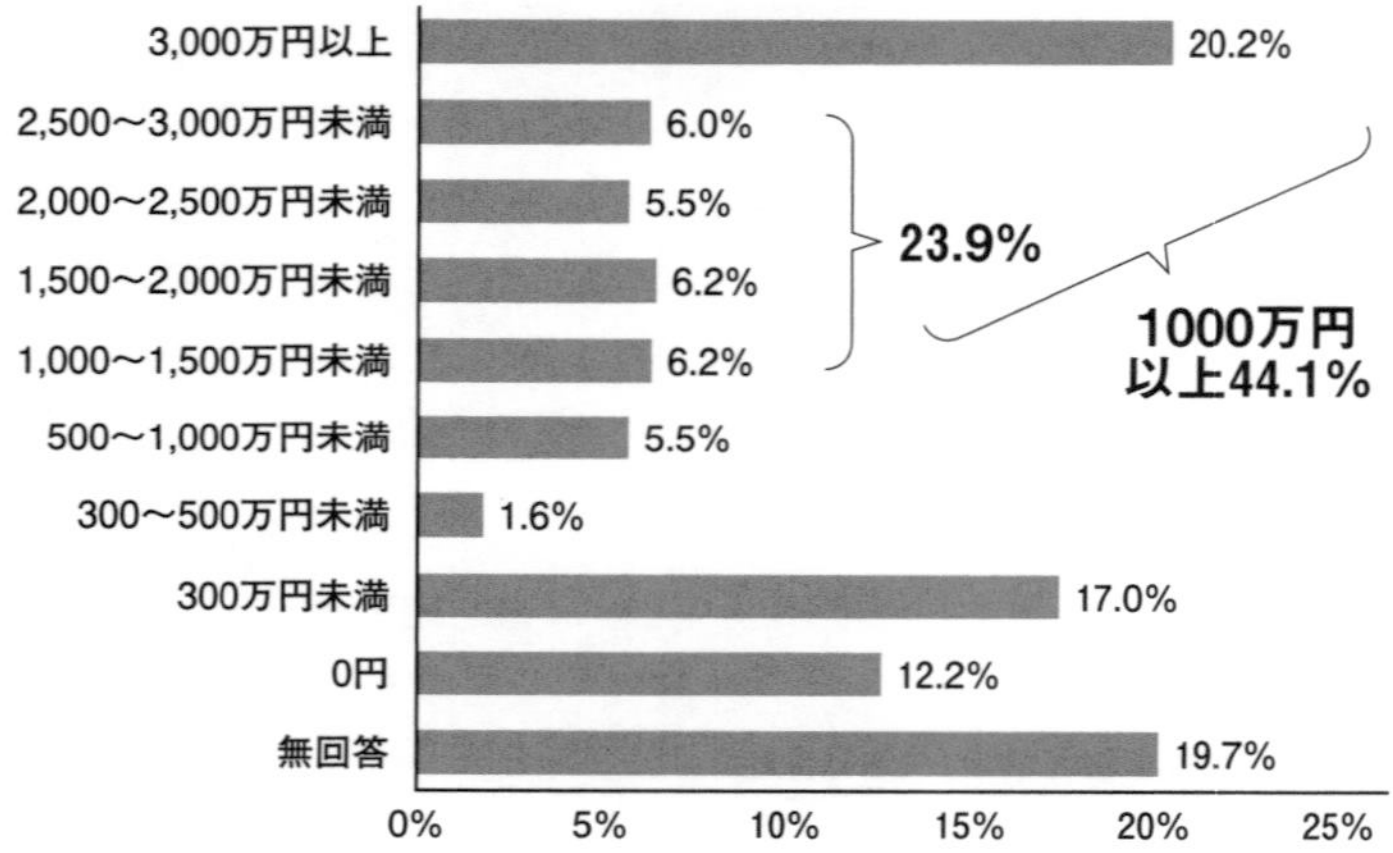

出典：「平成26年度 有料老人ホームにおける前払金の実態に関する調査研究事業報告書」（公益社団法人全国有料老人ホーム協会）をもとに作成

「介護付き有料老人ホーム」は民間の施設ですから慈善事業ではありません。良い看護師・介護士の定着率を高めるためにも、事業者は採算を重視します。

入居一時金は、老人ホーム独特の制度で、簡単にいえば〝家賃の前払い〟です。

そのため、入居一時金がないと、どうしても月額料金が割高になります。

多くの有料老人ホームが採用している方式が「終身利用権方式」です。これは、入居一時金で、個室や共有空間を死ぬまで利用できる権利を得るのです。つまり老人ホームにとっては、利用者が死ぬまでの預り金なのです。

入居後、間もなく亡くなれば相当部分が未利用のため、返還してくれます。利用した分は返還されません（「償却される」という言い方をします）。

しかし、死ぬ時期はわかりませんから、統計的に考えます。これが「平均利用期間」で「償却期間」といわれるものになります。この償却期間を終えると預り金は0になります。つまり返還金はなくなります。

入居一時金が「0～数億円」では幅がありすぎて検討に困りますので、右表をご覧ください。**1000万円以上が半数近く**になっています。

さらに、民間の老人ホームではホームの倒産リスクも考えておく必要があります。つまり、倒産すると高額な入居一時金が戻らないこともあり得るのです。

入居後に他の入居者や介護者との相性が悪いので退去するというときも問題です。入居早々に亡くなると、一時金の戻る部分がありますが、確実かどうか不安は残ります。

こうした不安に対応して、2018年4月に老人福祉法が改正されました。

有料老人ホームに対し、保全措置をとることが義務付けられたのです。これで一定程度（最大500万円）は保護されましたが、まだまだ少額です。

特養で入居一時金が不要なのは、公営（住民サービスの一環）だからです（近年、民間でも入居一時金不要な施設も増えています）。

したがって、月額料金の決め方は利用者の財産に応じて決まります。

こんな可哀そうな事例がありました（日経新聞2020年12月25日付）。

親の資産総額は1億円超（うち預金は1000万円弱）と多かったので、（しかし、都市部では、今どき、決して金持ちといえる財産ではないですね）要介護3に認定されて特養に入居できたとしても、**財産凍結（つまり使えないのに）、預金や実家が〝ある〟というので、月額料金が上がってしまったのです。**

結局、特養の軽減措置が受けられず、月額費用は20万円近くになりました。

これは、72ページの表の月額料金15万円より高いのです。**「こんなに払うのであれば、サービス内容の良い介護付有料老人ホームへ入居させたかった」**と悔やむ相談者の記事は身につまされました。

＊＊＊＊＊＊＊＊＊＊＊＊＊＊＊＊＊＊＊＊＊＊＊＊＊＊＊＊＊＊＊＊＊＊＊

なお本書では省いていますが、ペットの老猫ホームの費用は、月に10～30万円の入居費とは別に飼育費が年間で30～50万円かかります。人間以上なのには驚かされますね。

しかし、その費用を払う自分自身が認知症になってしまうと、ペットの介護が続けられなくなります。それに対しては、「ペット信託」という手もあります。

この他にも、信託は幅広い活用ができるのです。しかし、あれもこれもと対策すると、当然、費用が高くなってしまいます。

なので、本書では「認知症」に特化してお話ししてまいります。

5 遺言は死んで有効になる。生前は親の財産を使えない

介護費用や老人ホームの入居費はどこから出したらよいのでしょうか？

親の年金で不足するならば、当然、親の預金からです。

老人ホームの入居一時金は、先の表で見たように平均で１０００万円以上でした。こんな大金はＡＴＭでは引き出せず、当然、銀行の窓口で引き出します。

すると預金口座の名前は親のままですから、「ご本人でないと出せません。」と言われ、**「親が認知症なので代わりに来ました」と言えばその場で、財産凍結**されてしまいます。

平成のはじめのころまでは、親族が引き出すことができました。**ところが、最近ではコンプライアンスが厳しくなって、引き出せない**のです。

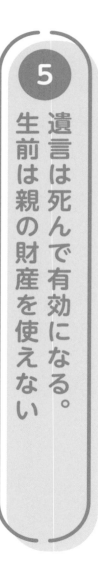

なぜなら、遺産分割のときのもめ事に銀行が巻き込まれるからです。他の相続人が「お前が勝手に使って、お父さんの預金が少なくなったんだ！」と、家族意識の変化に伴い、相続財産に対する権利意識の目覚めから争いが多くなりました。

そして、「銀行はけしからん！　父さんの預金を、本人以外がおろすのを見逃した！」と裁判に訴えてくる人が多いので、銀行は引き出してくれなくなったのです。

たとえ遺言書に、配偶者や子どもに「相続させる」と書いてあってもダメ。**そもそも、遺言書というものは、死んでからしか有効にならないからです。**

だから、相続対策としての遺言書では、介護のための対策にならないのです。

子どもに生前贈与したからといって、それで払ってくれるほど甘くはありません。

暗証番号を知っていればキャッシュカードで少額ならば出せるでしょう。しかし入居一時金は大金で、窓口扱いになってしまいます。「ならば分割引き出し」で。ところが銀行も50万円の引き出しが連日なされると、ＡＴＭが自動停止です。

しかし、親の介護のためなのに使えないことへの不満は高まりました。そこで政府指導で、介護目的が明らかであれば、少額引出しが可能となりました。それでも**高額な老人ホームの入居では困難**です。「代理人カード」でも1日の引出しは50万円程度が限度です。

6 空き家の末路

誰も住まなくなった「実家」も大きな問題です。

やがて**幽霊屋敷化**し、**浮浪者**が住むなどして、**不法投棄・放火の危険も生じます。**そればかりか、台風で屋根が飛び、近所に損害を与えることもあります。

私の妻の実家でもありました。台風で壁材がはがれて、隣家の愛車ベンツを傷付けてしまったのです。真っ青です！　早々、私たち娘夫婦は隣家に謝罪に走りました。確かに自然災害では賠償責任はありませんが、そこはご近所のこと、僅かなりともお詫びの金員など包んで…となりました。

これが、人を傷付けていたら…と考えるとゾッとしました。

しかし、**実家を放置していて、管理が悪いと過失責任が問われる**こともあります。責任があったとしても、住宅扱いなら火災保険の個人賠償責任特約が使えます。

でも、空き家となると、この特例の対象外となるうえに、**保険料が倍**になってしまいます。**火災保険も住宅用だから安いのです。**最悪の事態では、**放火されても保険金がおりないことすら**あり得ます。

こうした一連の危険から、２０１５年2月に**空き家法**が施行されて、所有者の責任が一層重くなりました。この法律で「特定空き家」に認定されてしまうと、**固定資産税が最大6倍、都市計画税は3倍**になってしまいます。

さらには、「特定空き家」は解体命令を受けてしまうことになります。無視すると役所が代わりに解体し、その解体費用の請求を受けることになります。解体費用は、最低数百万円になるでしょう。まさに〝**負動産**〟です。財産が凍結されていたら、解体費用も子どもが立て替えとなります。

「特定空き家」になる前に自主的に建物を解体しても**土地は**

残ります。

更地は住宅用ではないので**固定資産税などは同様に上がってしまいます**。

空き家のデメリット

流出し続ける費用と手間（親の口座から引き落しされないものは子どもの立て替え払い）	
固定資産税等	修繕費用・取壊し費用
水道光熱費・掃除と除草作業	法定後見人報酬
火災保険料（割高になる）	損害賠償リスク
実家以外でも…できなくなること	
賃貸アパートの借家人との契約更新	会社経営全般（融資）
修繕・リフォーム工事契約と融資契約	社長交代・申告納税

また、２０２３年に国の**空き家の引き取り制度**が始まりました。しかし、10年分の固定資産税を管理費として国に納める必要があるのです。こうして、**空き家は全国で８２４万戸（総務省平成30年統計）**になり増加の一途です。

固定資産税などは親の口座引き落としだから大丈夫と思ってはいけません。それは、あなたの**相続すべき貯蓄がどんどん目減り**していることなのです。

認知症になる前に、子どもに実家を贈与し、親が住み続けてはどうか？　しかしこれも問題です。贈与で子どものものになると、子どもが勝手に売ることができてしまいます。万が一、子どもに見放されると、親は住み家を失うリスクがあるのです。

「家族信託」では、契約目的に「親の老後・介護に役立てる」という制約があります。だから、子どもが親を無視して勝手に処分することはできません。

認知症でなくとも、**年老いた親は、おっくうになって「なんとかなるさ」と対策を放置しがちです**。そのツケは結局、あなたに回って来るだけのことです。**ここは子ども世代が立ち上がらなければ**なりません。最低限、子どもが代わって処分できるという自衛策を立てる。それが家族信託なのです。

空き家になって、半年経過すると、みるみるうちに廃墟化が進みます。それまでにできるだけ有利な価額で売却したいものです。

しかし、**タダでもいいからと処分することも多いのです。処分できれば、以後の負担も心配がなくなります。生前から、処分する権利を子どもが持っていないと、相続後に、下手をすれば相続税を負担したうえに、処分する羽目になります**（「0円物件」や「家いちば」などを検索してみてください）。

110万円の暦年贈与改正の対策にも

皆さんは相続財産がどれくらいあるかご存じですか？
相続対策のセミナー会場で
いえ
ウチの親はなかなか言わないんだよね
そうでしょうね
自分の死後のことだし
ヘタに贈与しすぎると老後資金が不足してしまいますし…
けれど目に見える財産がひとつあります！
それは「家」です！
あっそうか
そこで実家と預金の一部を信託口座に入金すれば
親が認知症になっても安心だと伝えるのです
親子で話し合えばその他の財産もだんだんと判明していきます
うんうん
家族信託のついでに財産目録を作っておくんですね

第3章

「家族信託」の具体的なやり方

1 あなた自身ですべてやるとすると…

「家族信託」は通常は、専門家に依頼しますが、ここでは、子どもである〝あなた〟自身が行う前提でお話しします。

なぜ、そうなのかは、以前にお話しした通り、専門家に依頼した方が安全で手間がかからないのですが、なにせ費用が30~100万円程度かかります。それでも、認知症になり財産凍結されて、仕方なく成年後見人制度を利用するアリ地獄で700万円前後かかるよりは確実に安いのです。

しかし、という方のために、私自身も、手遅れになるよりは、と覚悟して**6万円コース**を考えてみました。本書では父親が認知症になる前提でお話ししていますが、夫婦二人が認知症になることも珍しくありません。さらには子ども夫婦のそれぞれの親がなることだってあります。だから、なるべく費用を抑えたいのです。

そこで**認知症に特化して、一般的な事例においての最低限の安全性を確保**しています。

それでも、財産額が何億円もあるとか、賃貸物件があるとか、権利関係が複雑だとか…

そんなときは、専門家に任せる必要があります。

また、あなた自身でやる方法を読んだ後、アリ地獄になって700万円かかるリスクよりも、「家族信託」の途中で相続がスムーズに行く情報が集まるならと納得され、専門家に依頼しようと考えられたら、それが安全で手間もかかりません。一番よいでしょう。

特に相続税がかかると見込まれる方は、親のお金で「家族信託」ができるのですから、専門家への費用は有益な費用として財産を減らして、相続税が節税できるので一石二鳥となることでしょう。


さて、手順は、大きくは次の3つです。費用は、財産によって変わります。ここでは、モデルケースとして地方都市の一軒家としました。

手順1は、公証人役場で契約書を作ってもらうこと。（約3万円）
手順2は、実家の信託登記を法務局でする。（約3万円）
手順3は、銀行で信託用の口座を作る。（無料）そしてその後、管理開始。

② まずは公証人役場で契約書を作ってもらう

❶ 予約・料金・相談

地元の公証人役場をネットで探し、「家族信託をしたい」と言って予約を入れます。

公証人は、準公務員です。元裁判官などが、第三者として証明をする役場です。

家族信託の契約書は、あなたが勝手に作ることもできますが、後のトラブルを避けるために第三者で、しかも公的な法律の専門家が、**「契約書を作った日に、親は認知症ではなく、ちゃんと意識がはっきりしていて、信託のことを理解したうえで契約した」**という証明をしてもらうために利用するのです。

あなたが勝手に作った家族信託の契約書では、認知症になった後にパソコンで簡単に作れてしまいます。だから、銀行にも、不動産屋さんにも、司法書士にも、法務局にも、信

契約書作成の手数料

価額	手数料
1,000万円超〜3,000万円まで	23,000円
3,000万円超〜5,000万円まで	29,000円
5,000万円超〜1億円まで	43,000円
1億円超〜3億円まで	43,000円+5,000万円ごとに13,000円を加算
3億円超〜5億円まで	95,000円+5,000万円ごとに11,000円を加算
3枚を超えるときは、超える1枚ごとに250円が加算されます	

じてもらえません。また、他の相続人が「父さんはそのとき、既に認知症だったから無効だ」と、もめることを防ぐのです。

ですから、公証人役場には、**親子二人で訪問**します。

料金は、**基本手数料は通常は3万円前後**です。基準となる「価額」は、実家の固定資産税評価額と、現金の合計額です。

家族信託の契約書のひな型がありますから、それに家族構成や財産の状況を当てはめて作ってくれます。

意外と気づかないことですが、**契約書ができるまで、ずっと相談料は無料**なのです。これを活かさない手はありません。

ですから、どんどん質問し、相談してください。通常は、公証人から、次のような質問やアドバイスを受けて、それらの条項が追加されて、最終的には10ページほどのボリュームになります。

これらは、たとえ専門家に丸投げしたとしても、専門家から同様な質問やアドバイスがありますから、この点は同じです。

ちょうど、自動車保険に入るときに、各種の特約とか補償額について営業マンと質疑を繰り返しますよね。それと同じです。

主な質問とアドバイス

- 子どもが先に死んだりしたときに備えて第二受託者を付けますか？（通常は付ける）
- 子どもが暴走しないように、信託監督人を付けますか？（通常は付ける）
- 契約を変更するときに備える受益者代理人を付けますか？（通常は付ける）
- 登記が済んだら直ちに、信託が始まるようにしますか？（通常はそうする）
- 信託の終了は、親の死亡の日か、それ以降か？（通常は死亡の翌日が多い）
- 実家の相続は、受託者1人だけでよいですか？

※95ページのひな型では、受託者である子ども1人が相続するとなっていますが、相続の計画を立てる必要があります（第4章以降を参照）。

それらのメリット・デメリットを聞いてあなたの希望を伝えます。こうして、なるべくオーダーメイドに近い状態を実現させます。右ページの表の「第二受託者」や「信託監督人」、「受益者代理人」は家族で役割分担してもらいます。

ですから、親族関係図やあなたが心配していることをまとめておくことは有益です。

また、**51ページを示しながら、「認知症対策のための家族信託で、贈与税がかからないようにしたい」との希望を伝えてください**。

家族信託のすべてで贈与税がかからないというわけではありません。贈与税を払っても、子どもに財産を移転させるという家族信託もあるからです。

公証人は法律のプロではありますが、税法のプロではないので、贈与税がかかるか否かについては答えられないことがあります。**ポイントは51ページの図に示したように、委託者と受益者が共に親になっていることです。**

また、実家の売却ができるようにしたいとの希望も伝えておいてください。

❷ 必要書類

訪問時に必要な書類は次の3種類です。

(1) 実家の土地と建物の登記簿謄本

これは、本人でなくても取れます。しかし、住所と登記の地番とがズレがあることもあります（私の家でもありました）。そんなこんなで、意外と難しいこともあります。だから却ってネットで取り寄せるよりも、法務局の窓口でドンドン質問して取るのがよいと思います。親切に教えてくれます。

ついでに、「公図と地積測量図」も請求しましょう。これがあれば、後々役立ちます。

(2) 固定資産税の通知

毎年、市役所から送られる固定資産税納税通知書（なければ市役所で評価証明を取る）

(3) 親子二人の印鑑証明書

市役所で取り寄せて本人の証明として実印と共に持参します（作成後3か月以内）。

なお、次の段階の法務局で必要になる**「住民票」もついでに**取り寄せておきましょう。

その他、**必須ではありませんが、相談に役立つのは親族関係図や戸籍謄本**です。

❸ 2回目の訪問で完成

公証人役場には、親子で2回訪問します。初回の訪問から1週間前後で原案がメールやFAXで送られてきます。それを確認してわからないことは電話やメールで質問します。返事をするときに、2回目の訪問日の予約を取ります。

2回目の訪問で、公証人が、契約書を親子に読み聞かせて「これでよいか?」と最終確認します。ここで質問して、追加したり直したりすることもできます。

大きな変更でなければ、その場で書記官が直して、正式な契約書ができ上がります。公証人役場にも保存されます。公正証書を受け取るときに、手数料を支払います。

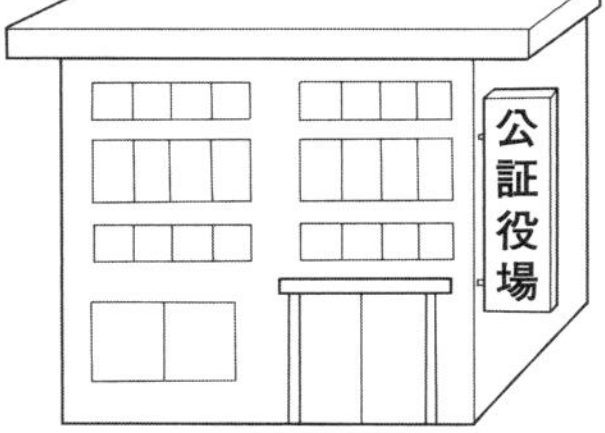

＊＊＊＊＊＊＊　余話　＊＊＊＊＊＊＊＊＊＊＊＊＊＊＊＊＊＊

私の義母（83歳）の事例

2回目の訪問で、公証人が義母に読み聞かせるときが大変でした。なにせ10ページほどある契約書です。法律用語が一杯です。義母は耳も遠いので、公証人には義母の隣に座って読み聞かせてもらいました。1条ずつ読み上げては、その意味を説明してくださるのですが、この間の30分ほどの間は緊張しました。年寄りはじっとしていられません。

というのも、その2週間ほど前に義母に会ったときに「これは認知症になったかも」と思うほど妙な会話をしました。そこで義母には事前に、「すべてハイハイと聞いていればいいですよ」と言いくるめてはあったのですが、全面的に私たちを信頼しているので「全部、娘（私の妻）に任せています」を繰り返し、あまり公証人の説明を聞こうとしません。

それに対して公証人は「いいえ、ちゃんと聞いてもらわなければなりませんよ」と厳格に義務を果たそうします。もしも、ここで公証人が「お母様は、事理を理解する能力がないので、信託契約は不成立です」と言われたらパーですものね。冷や汗が出ました。

❹ 家族信託契約書のイメージ

公証人役場で作成すると詳細に作成するため約10ページにはなりますので、ここでは契約書のイメージだけを参考程度に示しておきます（95ページ参照）。

第3条の、「信託する財産」は、**実家の家とその土地と、現金をざっと、大目に見積もります。**〝大目〟というのが大切ですね。具体的には、**入居見込みの老人ホームの入居一時金がまかなえる額＋信託する不動産を管理できる額（10年分の固定資産税や火災保険料と修繕費等）とします。**

親の預金残高の余裕にもよりますが、2000万円ほどあれば、平均的な有料老人ホームの入所一時金1000万円を直ぐに支払い、施設入所以降に余裕をもって実家を処分できます。

預金に余裕がなければ、数年分の固定資産税・火災保険料・修繕費とし、入居一時金は別途立て替えておいて、実家売却後に精算するなどの工夫をし考えなければならなくなります。この現金を持って後の❹の手続き（100ページ）で、信託口の口座を作ります。

何年か経って、資金が不足した場合でも、そのときにまだ認知症になっていなければ、追加で信託すればよいのです。

大目にしておいて、親から「手元の預金がなくなってきたので、少し返してほしい」と言われたら、返してあげればよいのです。元々親の財産なのですから。

実は、信託財産にしておけば**オレオレ詐欺対策にもなる**のです。

特に重要なのが、5条に書いた「受益者」の部分です。死んだら子どものものになると書いてありますから、**実質的な遺言書**になっています。

ここをどう書くかは、家族によって異なりますが、**通常は、共有になるのを避けるためにも、受託者たる子ども一人が受け継ぐとすべきです**。

家族信託契約書

委託者:＊＊＊＊(親)（以下「甲」）及び**受託者:＊＊＊＊(子)**（以下「乙」）は、以下の信託契約を締結する（以下「本契約」という）。

第1条**(本契約の趣旨)**

委託者甲は、受託者乙に対し、次条記載の信託の目的を達成のため、第3条の財産を信託財産とし管理、運用、処分及びその他当該目的達成に必要な行為をすることを信託し、乙は引き受けた（以下「本件信託」という）。

第2条**(信託の目的)**

本件信託は、**受託者による資産の適正な管理・保全・運用・処分を通じて、受益者の生活・看護・療養・納税等に必要な資金を確保及び給付するなどして、受益者の生活の安定をはかると共に、円滑な資産の承継を目的とする。**

第3条**(信託する財産)**

本件信託にかかる信託財産は、以下の通りとする。

＊＊市＊＊町＊丁目 地 番 ＊番＊ の**土地と建物　並びに金銭＊＊＊万円**

第4条**(受託者)**

本件信託の当初受託者は、（乙:子）とする。

第5条**(受益者)**

本件信託の**当初受益者は、(甲:親)、当初受益者**甲(親)が死亡した場合、第二次受益者として受託者乙(子)が承継取得する。（ここが実質的に遺言書になります）

第6条**(受益権)**

本件信託の受益権は、譲渡、質入れその他担保設定等ができない。

第7条**(信託の変更及び終了)**

本件信託の変更及び終了は受益者と受託者が合意で行うものとする。

第8条**(残余財産の帰属)**

本件**信託終了時の残余の信託財産は、甲が生存している場合は、甲に帰属させ、甲が死亡している場合は、信託終了時の受益者に帰属させる。**

令和 ○ ○ 年 ○ ○ 月 ○ ○ 日

委託者　住所 ＊＊市＊＊町＊丁目＊番＊号　　氏名　＊＊＊＊＊(親)㊞

受託者　住所 ＊＊市＊＊町＊丁目＊番＊号　　氏名　＊＊＊＊＊(子)㊞

3 法務局で登記をする

ここが、少々専門的で、ご自身で行うには大変かもしれません。時間もかかります。司法書士に任せれば、簡単ですが手数料がウン十万円かかります。あなたの選択次第です。

平日に**法務局に2~3回足を運ぶ覚悟があれば、大丈夫！** 公証人役場へは親子二人が行く必要がありましたが、法務局は、**子ども一人でも、また代理人でも可能です。**

郵送でもよいのですが、なかなか要領がつかめないので、その都度質問ができる訪問がよいでしょう。通常は、「補正」という修正も含めて、3週間ほどで完了です。

それが面倒だと思うときや、親の認知症が迫っているときは、司法書士に依頼した方がよいでしょう。この**登記が済まないと実家については家族信託の効力が生じません。登録免許税は、固定資産税評価額によりますが、通常は3万円程度です。**

公証人役場と異なり、申請の段階で印紙を貼ることで収めます。

ポイントは以下の３つです。

❶ 電話相談予約・登記申請書作成（ちょっと厄介だが何度も相談する）

最初に「無料相談」（コロナ対策のため電話相談）の予約を入れます。

電話相談で「家族信託の登記をしたい」と伝えます。まだそれほどある相談ではないので、素人向けのパンフレットもありません。

そこで、申請書の書き方の専門家向けの解説の書籍のコピーを用意してくれたりします。それを郵送してもらったり、取りに行ったりします。

コピー資料にある書き方の事例に従って書きますが、なにせ専門用語ばかりです。わからなかったら、また電話相談します。ここでも**相談が大切です。無料で何度でもできるので、根気よくやりましょう。節約だと思って頑張ります。**

厄介なことに、専門家向けの書籍にも書いていない実務上の慣行もあります。

たとえば、信託契約書のなかから、信託する内容を登記申請書にパソコンで入力して、紙で提出します。

しかし、信託契約部分は長いので「別個に電子媒体で出してください」と要請されます。電子媒体というのでUSBか？　と思いきや、なんと3・5インチFDかCD-ROMと言われたときには驚きでした。「そんなこと、どこにも書いてないじゃないか！」。そういうのは、強制ではないのですが実務慣行なのです。ここでは「長い物には巻かれろ」で、言われた通りにします。

❷ 必要書類（法務局の相談で得た資料に詳細は書いてあります）

・登記識別情報（権利書・親が大切に保管しているはずで、ここでも情報が入ります）
・登記原因証明情報（家族信託契約書）
・印鑑証明書（公証人役場に提出後に返却されたものでOK。作成後3か月以内）
・住民票
・代理権限証書（委任状・法務局へは子ども、あるいはその配偶者だけ手続きできます）

❸ 補正（ここが我慢のしどころです。2〜3度通いましょう）

まずは下書きを作るつもりで登記申請を作成して、提出します。
ほとんどのケースで補正、つまり登記官からの修正の連絡が入ります。

なにせ、不動産がその記載で持ち主が変わるので、細かい部分の正確性を求められます。しかし、**それも考え方次第です。「正確を期するために、丁寧に、親切に見てくれている」のですから、無料で添削してもらえる！と感謝する気持ちで、**教えてくれてありがたいと思って通ってください。税務署は目をつむって申告書を受け付けてくれますが、後の税務調査が怖いものです。しかし、法務局は、何度も受付の時点で突き返され、受け付けた後でも、「補正してください」と入り口が大変です。しかし、通れば、後日調査でダメですとは言われません。憂いが残りません。「法務局はいいなぁ」と私は思ったものです。

＊＊＊＊＊＊＊＊＊＊＊＊＊＊＊＊＊＊＊＊

司法書士への依頼

通う覚悟ができないと思うときや、親の認知症の疑いが迫っているときは、もたもたしてはいられません。すぐに司法書士に依頼してください。

司法書士への報酬は、概算で固定資産税評価額の1％前後です。つまり、3000万円の実家なら、30万円です。

これが高いと思われるなら、認知症を疑われる相当前に家族信託を準備しましょう。

4 最後に銀行で口座を作る

法務局が済めば、後は簡単です。銀行で信託用の口座を作ります。家族信託契約書に書いた現金をこの口座に入金するのが最初です。これ以降、信託財産である実家に関する管理費（固定資産税・火災保険料）をこの口座から支払う手続きをします。

法務局で手続きをしている間を有効活用して、その間に最寄りの銀行に行って信託用の口座を新たに作ります。ここでのポイントは、以下の2つです。

❶ 信託口の正式な口座でなくてもよいが、名義は子ども名義にする

銀行に行って「信託口口座《しんたくぐち》を作ってください」と言うと、現在では多くの銀行が「でき

ません」となってしまいます。

それにめげてはいけません。銀行が言っているのは〝正式な信託口口座〟はできない」と言っているに過ぎないのです。

少し前までは、信託銀行でしか作れませんでした。しかも、信託銀行では大抵の場合は3000万円以上預けないと作れません。

なお、正式な信託口口座は、信託の効果である「倒産隔離」ができる口座のことです。すなわち、万が一子どもが破産したときも、信託財産は、子どもの財産ではないとして借金取りから守ってくれる機能があるのです。

そんなことは期待していないので、**子ども名義で作ればよい**のです。子ども名義ですから、子どもが自由に引き出せるのは当然ですね。

家族信託では、信託口口座は絶対必要なものではありません。それでも、あると便利なので、帳面替わりに作ります。

❷ 信託財産（実家不動産・信託する現金）の出入りはこの口座で管理する

通帳を作らないで、1000万円前後の現金をタンスで管理していては物騒です。その出入りを帳面で書くのも大変です。そこで実家の管理・運用・処分に関する取引はすべてこの通帳を通して行えば、現金を管理することや帳面を書くことが省略されます。

家族信託では、法的に帳面を書いて保存することが義務付けられているので、これを通帳で済ませてしまえば簡単です。

ただし、**子ども自身の財産とは切り離して、混同しないで金銭を管理してください。**

最初は、親の口座から1000万円前後のお金を移動しますから、親が行うことになります。通常なら、ここで、贈与税！　となるところですが、先にお話ししたように、信託契約書を作っていますので、贈与にはならないのです。

以後、なるべく早く、火災保険の会社に電話して、「家族信託したので」と火災保険料の口座引き落としをこの口座からしてください。固定資産税についても同様です。

水道光熱費は、従来通り、親の口座からの引き落としで結構です。これは実家を利用する親が負担するものだからです。丁度、借家の固定資産税は大家が払って、水道光熱費は借家人が払うのと同じです。

＊＊＊＊＊＊＊＊＊＊＊＊＊＊＊＊＊

ここまでくれば一安心です。

次の「遺言書」の作成は、少しゆっくりでも大丈夫。

そして、相続税の節税対策へと向かいます。

なお、**家族信託後、家族が集まった折に、報告を継続**しておくとより完璧です。88ページの「第二受託者」等の役割を任う家族も安心します。それがスムーズな相続につながります。

実は遺言書の代わりにもなる

親が亡くなったとき親の家はたいてい管理している子どもが相続しますよね
相続対策のセミナー会場で
でも　僕の知人は介護をずっとしていたのに
ある日気に入らないと親が遺言を書換えて別の兄弟に相続させてしまったそうです
遺言書だとそういうこともあるでしょうね
しかし家族信託に自宅をどうするかを書いておけば
子どもの同意なしには書換えることはできません
つまり遺言書と同じことがサラッと書けるんです
おー
まず家族信託で最低限の自宅の対策をしておき
その他の財産については遺言書でフォローするのです

第4章

「遺言書」で死後のもめ事を防止

1 家族信託で「遺言書」への抵抗感が和らぐ

家族信託の契約書には実質的に遺言書になる部分がありました。実家と管理用と入居一時金に充てる、まとまった預金を子どもに信託し、死んだらそのまま引き継げるのです。「遺言書」はまさに「死」のイメージです。しかし「家族信託」なら、柔らかいイメージですね。まさしく、親が生きている間に役立つ目的を達しながら、子どもたちに迷惑をかけず、信託が終わるとき、すなわち亡くなったときは、受託者である子どもに渡すよ…という契約書なのです。

だから、親の「遺言書」への抵抗感も相当に和らいでくるのです。そこで、「家族信託」では対象にしなかったその他の財産については、まだ対策がされていませんので、誰に相続させるのかを「遺言書」で明らかにします。

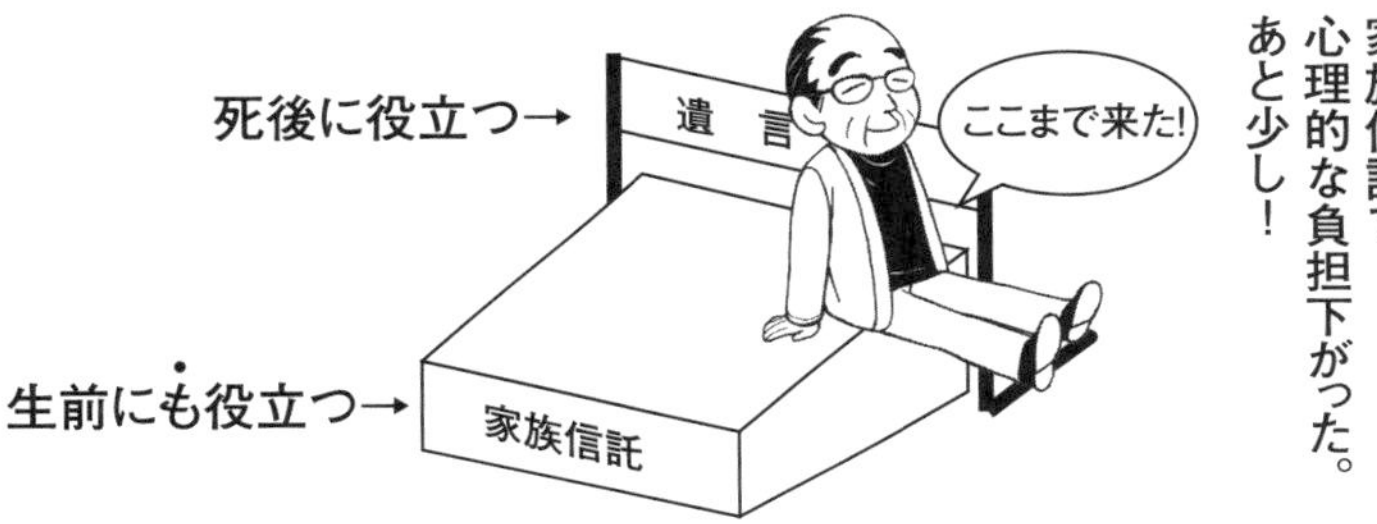
家族信託で、
心理的な負担下がった。
あと少し！
ここまで来た！
遺言
死後に役立つ→
家族信託
生前にも役立つ→

このとき、**家族信託をした場合の特徴的な書き方があります。**家族信託の歴史が浅いなか、専門家に任せず自分でしたのですから、万が一の不備に備え、**家族信託した財産についても、遺言書で〝ダメ押し〟**をして、もう一度書いておきます。

たとえば、親の財産が、実家の他に、少し離れたところで駐車場を持っていたとします。

預金のうち、2000万円を信託財産として子ども名義にしましたが、他の預金や株券などが5000万円あったとします。

実家と2000万円の預金は家族信託で対策して、生前も財産凍結されず安心です。その他の財産は、まだ認知症ではないのですから、駐車場の売上げも、株の売買も自由に使えるようにしてあるわけです。

そこで、「遺言書」で、実家と信託預金は、受託者たる長男に相続させ、駐車場の土地とその他の預金の○○万円は次男に、株券は長女に相続させる…などと書いておくのです。

2 一番のもめ事「遺留分」に配慮して書く

シンプル相続で重要なのは、もめ事をなくすことです。

生前のもめ事は、認知症になって、財産凍結を引き起こし、介護費用や老人ホームの入居一時金をめぐって子どもたちの負担が生じ、さらには、実家の売却ができずに、その維持管理の負担…これを**「家族信託」で回避**しました。

死後のもめ事は、なんといっても遺産分割をめぐるものです。

そのうち、一番強力なものが「遺留分」です。「遺留分」とは、相続人の最低限の取り分です。それは「法定相続分の半分」と考えれば簡単です。たとえば、相続人が兄弟2人のケースで、「全財産を長男に相続させる」という遺言書の通り遺産分割をしたときは、兄弟の法定相続分は2分の1ずつですから、その半分、つまり4分の1は弟の遺留分となります。だから弟が「私には最低限の取り分である遺留分がある！」と請求して来たら、これは絶大な力を持っているため、それに従うしかなくなります。しかし、もめ事になるには違いありません。

そこで、「遺言書」を書くときには、各相続人の遺留分を配慮して、**最低でも「遺留分」を相続させるように書くのがよい**のです。

＊＊＊＊＊＊＊ 余話 ＊＊＊＊＊＊＊＊＊＊＊＊＊＊＊＊＊＊＊

別の方法として、**生前なら**「遺留分の放棄」という手段もあります。結構な手間がかかりますが、**「仲良し家族」だからこそ必要なときがあります**（131ページ参照）。

ちなみに、「相続の放棄」は、相続が発生してからしかできず、生前にはできません。

一方で、「遺留分の放棄」は、生前にしかできません。もっとも、相続が発生した後に「遺留分」を請求しなければ、実質的に放棄したのと同じです。反対に、生前に「遺留分の放棄」をしておくと、相続が発生した後に、「遺留分」の請求はできなくなります。

しかし、生前に「遺留分の放棄」をするためには、それに相当するくらいの、生前贈与をしておかないと、家庭裁判所が放棄を認めてくれません。

3 簡単で安い！「自筆証書遺言」がお勧め

❶ 法務局で必ず「保管制度」を利用する

遺言書で、**普通に使われるのは、「公正証書遺言」と「自筆証書遺言」です。**
「公正証書遺言」のコストは10万円以上（第三者の証人２人へのお礼３万円程度×２人と公証人への報酬等は財産額により数万円から）ですが、内容を詳細に検討してくれます。それだけに、頻繁に書き直しはできません。

「仲良し家族」では、愛人に全部渡したいとか、隠し子を認知したいとか、イレギュラーなことはなく、多くは簡単なので、お勧めは、「自筆証書遺言」を法務局で「保管」してもらうことで大丈夫でしょう。これで以前は必要だった相続後の裁判所での**検認が不要**となります。さらに便利なことは、**相続が発生した後に自動的に通知がもらえるようにもで**

きます。**これで紛失や見つからないというトラブルがなくなりました。**

費用は3900円と安いですが、遺言書の最低限の要件の「手書き・日付・押印」と本人確認をしてくれるだけです。だから、どうすると良い遺言になるかは、自分で考えなければなりません。けれども、簡単な質問は無料ですから、できるだけ質問することです。

❷ 必要書類とその後の手順

（1）必要書類は、

・遺言書（財産目録や通帳コピーはホッチキス止めはしない）

・**申請書（HPで取得する。遺言書のひな型も取得するとよい）**

・本籍と筆頭者の記載のある住民票の写し等・顔写真付きの免許書等の本人確認書類

（2）**郵送でも可能**ですが、質問もしたければ、平日に予約して自筆証書遺言書を提出して本人確認や形式的な確認等をしてもらいます。

（3）法務局は画像データを保管し、保管証を受け取る。ここまでが生前の作業です。

（4）遺言した人が亡くなった後に、相続人らは、どこの法務局でもいいですから、行って遺言者が保管の有無を調べ、確認したら遺言書の写しをもらいます。

(5) すると法務局は他の相続人等に遺言書を保管している旨の通知をします。
(6) 先に書いたように市役所での死亡通知により自動的に連絡もされます。
(7) 他の相続人等は、その通知で、各自が法務局に行き、写しをもらいます。

❸「家族信託」した場合の「自筆証書遺言」の書き方

「自筆証書遺言」は、縦書き・横書きどちらでも結構です。

次ページの図がそのポイントです。パソコンで下書きをしたあと、必ず手書きします。

まずは、信託した財産について書き、その他の財産についても書きます。

財産が多いとか、複雑なときは、115ページの図のように、訂正ができるよう、**財産目録を別にしてパソコンで書くことが認められました。**通帳や登記簿謄本のコピーでもOKです。これで極端にいえば毎年の書き直しも容易になりました。

その他、いくら「仲良し家族」といえども注意すべきことがいくつかあります。その配慮をするかしないかで、「仲良し家族」が維持できるか、不満を残したり、余計な波風が立ったり、心配事が後から生じたりと、問題は尽きませんが、残念ながらここでは全部を

「自筆証書遺言」の書き方（家族信託した場合）

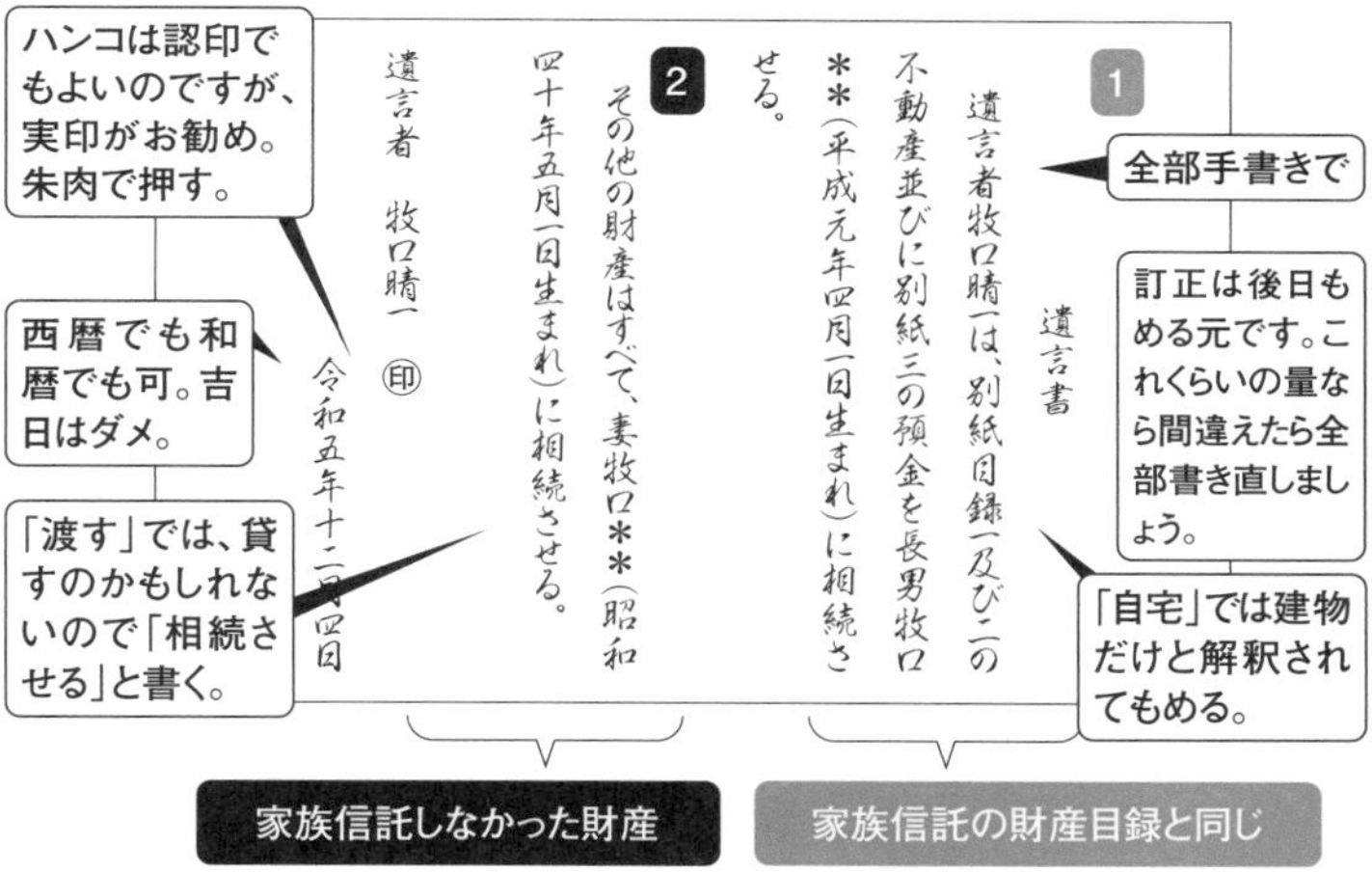

遺言書
1
遺言者牧口晴一は、別紙目録一及び二の不動産並びに別紙三の預金を長男牧口＊＊（平成元年四月一日生まれ）に相続させる。
2
その他の財産はすべて、妻牧口＊＊（昭和四十年五月一日生まれ）に相続させる。
令和五年十二月四日
遺言者　牧口晴一　㊞
全部手書きで
訂正は後日もめる元です。これくらいの量なら間違えたら全部書き直しましょう。
「自宅」では建物だけと解釈されてもめる。
ハンコは認印でもよいのですが、実印がお勧め。朱肉で押す。
西暦でも和暦でも可。吉日はダメ。
「渡す」では、貸すのかもしれないので「相続させる」と書く。
家族信託しなかった財産
家族信託の財産目録と同じ

お話しすることはできません。

「家族信託契約書」は10ページほどにわたるほど複雑ですから、認知症になっていると作成はほとんど困難です。

それに比べ、**「遺言書」は簡単ですので、初期の認知症と診断された後でも大丈夫です。最も急ぐ「家族信託」は終えたので安心**です。また、費用は**3900円ですから、まずはやってみて、再度書き直してみるのもいいでしょう**。

もちろん「公証証書遺言」が安全確実に決まっています。費用が許せば、ぜひそうしたいものです。

❹ 節税よりも大切なことは、遺産分割でももめないこと（遺留分への配慮）

「遺留分を配慮する」

1

遺言書

遺言者牧口晴一は、別紙目録一及び二の不動産並びに別紙三の預金を長男牧口＊＊に相続させる。

2

（代案1）　その他の財産は、相続人全員に各人の遺留分を相続させ、残余は妻牧口＊＊に相続させる。

（代案2）　その他の財産は、相続人全員により、法定相続分で相続させる。

その他の財産はすべて、妻牧口＊＊に相続させる。

遺言者　牧口晴一　㊞

令和五年十二月四日

1：家族信託と同じ

2：家族信託しなかった財産

遺産分割のポイントは、節税ではなく、遺産分割をめぐってもめないことです。

上の見本のように、その他の財産は、妻に相続させれば、あくまで我が家のケースでは、子どもたちが文句を言うことはありません。

しかし、108ページでお話しした遺留分の配慮は欠かせません。万一、相続人である子どもたちが、最低相続分である「遺留分」を主張してきそうならと考えました。「代案1」のように、遺留分は相続させて、残りは妻へとし、もっと欲しそうなら（笑）、「代案2」のように、とどんどん細かくなります。

「別紙〇の財産を相続（遺贈）する」と特定

PCで作成できる

財産目録
1　土地
所在　＊＊市＊＊町
地番　‥‥
地目　‥‥
地積　‥‥
2　建物
家屋番号 ＊番＊
種類 居宅
構造 木造瓦葺平家建
3　預金
××銀行××支店
普通預金
牧口晴一名義
No.××××
☆☆☆☆　㊞

コピー添付

登記簿謄本や
◇◇銀行◇支店
口座番号…がわかる
通帳のコピー
☆☆☆☆　㊞

各ページに署名押印

さらに、**「何分の1を相続する」**では**具体的な財産がどれなのかわかりません。**個別の財産名を記して相続や相続人以外の者に遺贈したいなら、通常は、その旨を別紙の財産目録にパソコンで作成して、**家族信託した財産と同様に「別紙〇の〇〇を相続する」と特定することでもめなくなりますのでお勧め**です。

特定すると、財産が増えたときに、それは誰が相続するのかが問題になるので、2のように「その他の財産は」で手当できるようにしておくことです。

もめないようにする逃げ道は、通常は「法定相続分」です。つまり、配偶者と子どもが相続人であるときは、配偶者は2分の1、子どもも2分の1で、その子どもが複数なら、それを頭数で当分するという〝あれ〟です。「法律に基づいているから仕方がないかぁ」との納得性です。

しかし、それではやはり、特別に思いを込めて、特定の相続人には、多く相続させたいというのも気持ちとしてはあるものです。

❺「法定相続分」と異なる分割も自由です！

「法定相続分」については、誤解が多いので注意しておきます。

「法定相続分」とは、「この法律の通り分けなさい」というものではありません。**遺言で自由に分けられます。特定の相続人には特に大目に…ばかりでなく、**お世話になった相続人でない人、たとえば**介護してくれた嫁などへ「遺贈する」と書けます。**

ただし、特定の相続人やその他の人にあまりに多くを渡すと、他の相続人の「遺留分」を侵害することがあります。兄弟姉妹以外の相続人には、通常は法定相続分の半分の「遺留分」がありますから、相続人から遺留分を請求されたら、その分は渡さなければなりません。

ということは、**請求されなければ渡さなくてもかまいません。**前の見本のように「その他の財産はすべて妻へ」と書いても、通常、子どもたちは遺留分の請求をしてこないものです。あくまで我が家のケースでの想像ですが、私も死んでみないとわからないものです。

遺言書がなければ、相続人で話し合い、自由に分けられます。さらには、**遺言書通りでなくとも、相続人全員の同意で、遺言書と違う分け方も可能です。**

「家族信託」は契約ですから、親子が納得する必要があります。しかし**「遺言書」は、契約ではありません。親からの一方的な財産処分などの希望です。だから、誰にも見せる必要はありません。**もちろん、見せてもよいですが…。

＊＊＊＊＊＊＊＊＊＊＊＊＊＊＊＊＊＊＊＊＊＊

では「法定相続分」はなぜあるのかと言えば、上記の遺言書や相続人全員の話し合いで合意が得られないときは、家庭裁判所へ〝調停〟の申し立てとなります。

その際に、最後の最後に裁判官がエイヤーと〝審判〟を下すときに使う相続割合が「法定相続分」なのです。

家族間のもめ事はいわば痴話げんかで、昔のことや愛憎がからみあって、そもそも公正な分け方ができません。それでも放置しておくと、国民の生活が穏やかになりません。仕方なく、家庭裁判所が、エイヤーと、決めてしまわなければ収まらないのです。

＊＊＊＊＊＊＊＊＊＊＊＊＊＊＊＊＊＊＊＊＊＊＊＊＊＊

❻ 遺言した実家を亡くなる前に売却していたら？

親が亡くなるまで実家で在宅介護を受けていれば、次ページの遺言書でもよいでしょう。しかし老人ホームに入居した後、先の章に従って実家を子どもが売却していると、**遺言書に書いた実家はもうありません。するとその遺言書のその部分は無効**になってしまいます。

在宅介護を最期まで貫けるかどうかは**遺言書を書いた時点ではわからない**ものです。すると、先の遺言書でいえば、妻が全財産を相続することになります。それで問題がないことも多いでしょう。

それでは、子どもがもめそうだというのであれば、在宅介護を諦めて、老人ホームに入居し、実家を売却する必要がでてきた時点で、遺言書を**書き直す必要があるでしょう。**

実家売却時の分割方法を明記する

1

遺言書

遺言者牧口晴一は、別紙目録一及び二の
不動産並びに別紙三の預金を長男牧口
＊＊に相続させる。

1-2

別表一及び二の財産が既にない場合には、
全財産の二分の一を長男に相続させる。

2

その他の財産はすべて、妻牧口＊＊に相
続させる。

遺言者　牧口晴一　㊞

令和五年十二月四日

家族信託と同じ（1）

売却時のために…（1-2）

家族信託しなかった財産（2）

しかし、その時点で親が認知症になっていると遺言書の書き直しができない可能性もあります。

それに備えて、**最初から、実家の売却時の分割の方法を書いておく**必要があります。

その例文は上の図の通りです。

❼ 相続人が先に亡くなったらどうなる？

人の生き死にはまったく予想がつきません。子どもが先に亡くなることもあります。

一番多いのは、お父さんが遺言書を書いたときには生きていた奥様が、先に亡くなるなんてことはよくあることです。

奥さんが先に亡くなると、前項の見本の

相続人の方が先に亡くなったときに備える

遺言書

1 遺言者牧口晴一は、別紙目録一及び二の不動産並びに別紙三の預金を長男牧口＊＊に相続させる。

1-2 別紙一及び二の財産が既にない場合には、全財産の二分の一を長男に相続させる。

2 その他の財産はすべて、妻牧口＊＊に相続させる。

2-2 遺言者より先に妻牧口＊＊が死亡の場合には、右の相続分は次男牧口＊＊と長女牧口＊＊にそれぞれ均等に相続させる。

令和五年十二月四日

遺言者　牧口晴一　㊞

1：家族信託と同じ

1-2：売却時のために…

2・2-2：家族信託しなかった財産・相続人死亡に備えて

ように「残りは妻に…」はどうなってしまうかといえば、**その部分については、遺言がなかったものとされてしまいます。**つまり、奥様への相続される分を子どもたちが話し合って遺産分割を決めるのです。

　この時点では、お父さんは生きているので、**その後に遺言書を書き直せばよいのですが、お父さんが認知症になっていると書き直しもできません。**

　これは、長男が先に亡くなったときも同じです。特に、先ほどの例では、長男は家族信託の受託者でもありますから複雑になります。

　ですから、**事前にそうなったときのこと**

を書いておくのが万全な対策となります。

❽ 本当に平等に分けるには「生前贈与」も含めて考えるが…困難・不可能

(1) 生前に〝特に〟贈与を受けていたのを「特別受益」という

もめ事で多いのは「お兄ちゃんは、家を建てたときにお父さんから援助を受けていたよね」「そういうお前は嫁入りで持参金もらったじゃないか！」という実質的に生前に行う財産分けです。

財産としてもらっていなくても「同居して家賃分得したじゃないか！」「盆正月に特別にご馳走してもらっていただろう！」「特に可愛がってもらっていたじゃないか」などと、言い出したら**際限がありません。困難です。不可能です。**

ですから民法では最低限のルールを設けています。

でも**家族によって納得し合えるならこのルールに従わなくてもよい**のです。「仲良し家族」なら互いに多少のことは我慢し合うものです。

どうにもならなくなったときに民法が定める、相続財産に加算する生前の贈与と特別受益の最低限のルールが以下です。

民法 遺産分割の基準となる基礎財産の求め方

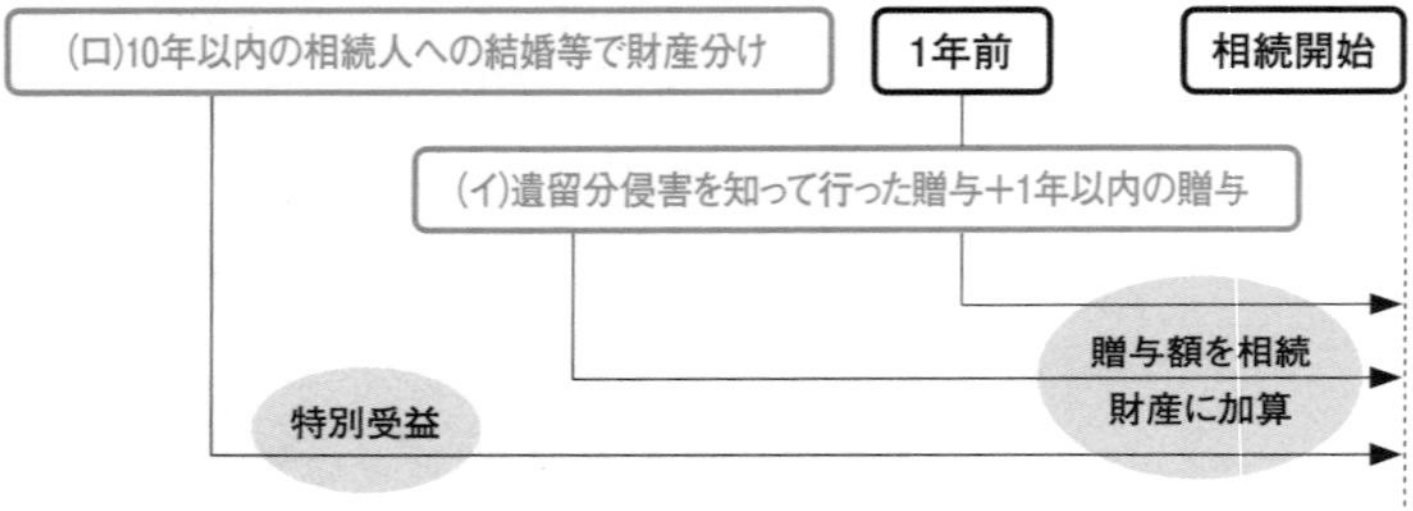

「基礎財産」＝相続開始時の**遺産**＋（イ）**贈与**－**負債**
＋（ロ）**特別受益**

（イ）贈与 ＝ 相続開始時1年のものが原則ですが、双方が遺留分侵害を知って贈与したものである場合には、1年超のものも含む

（ロ）特別受益 ＝ 相続開始前10年以内の相続人への婚姻・養子縁組のため、生計の資本としての贈与

(2) 民法上では一種の割り切りがなされた

相続人については、２０１９年７月施行の改正民法で原則として亡くなった方の死亡前10年以内のものに限り特別受益としました。

それ以前は、「30年前の結婚式の持参金２０００万円」や「20年前の海外留学で１０００万円」等々でもめました。

税法　相続税の対象となる財産

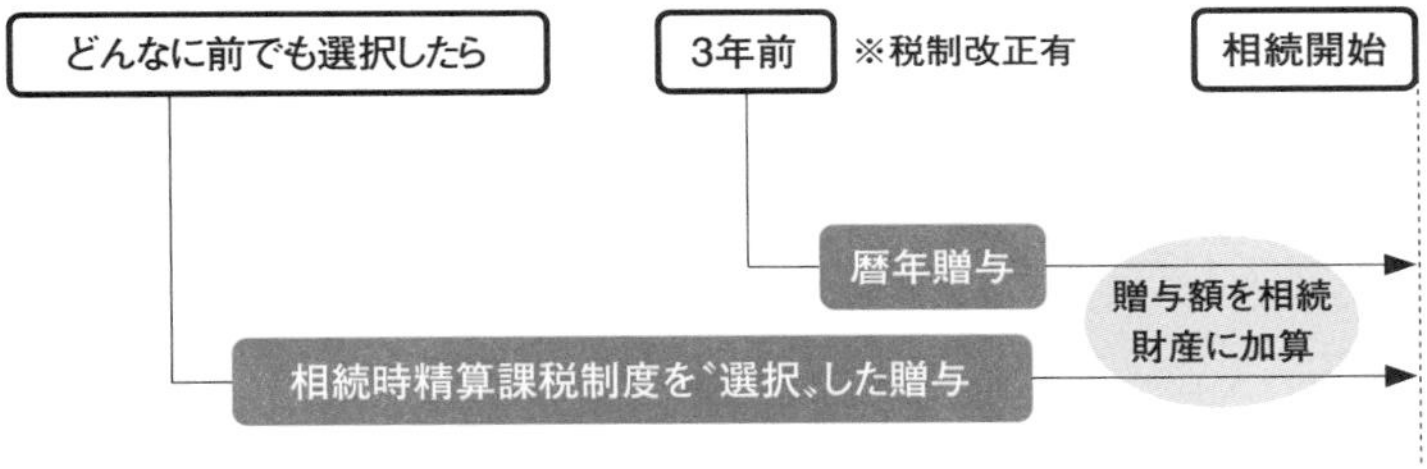

しかし、「30年前の２０００万円は現在の価値で５０００万円だ」と、これも際限ありません。**もう、民法のうえでは割り切った**のです。

ところで、前ページのように家族で納得すれば自由です。「仲良し家族」の現実はそれが多いようです。それが１２７ページの「付言事項」で現れてきます。

(3) 相続税法は民法と異なって強制です

民法は以上のように遺産分割や遺留分の計算をするのは任意です。しかし、相続税法は、上図のように一定の生前贈与は強制的に相続財産に加算します。これは次章で詳しくお話しします。

相続税法の方が強制となると、勢い相続税法に従った遺産分割が多いのも事実です。

しかし、「それはそれ」として両方を適用して遺産分割をすることも決して少なくありません。それが125ページの図の例です。

相続税法では、どんな遺産分割をしても、基本的には税額が変わらないという構造で作られています。しかし、構造上はそうでも、現に分け方によって税額が異なってくるのが事実です（185ページ参照）。

❾「特別受益を考慮しないで」と遺言書に書ける

(1)「持戻し免除」という方法がある

たとえば、亡くなる9年前に**次男が家を建てた折、500万円資金援助**をしました。親としては、長男は最初の子で嬉しい、末娘は初の姫で甘くなる。こうして**3人の子どものなかの次男には、少し愛情が薄くなるというところがあったので、少しは平等になるようにと支援してやった**のです。

親は遺言書を書くにあたって、兄弟3人で分けるだろうが、万が一他の子どもから「お前は親父から生前500万円の住宅資金の特別受益を得ているだろう」と**もめてしまう可**

「特別受益を考慮しないで」と一文書く

遺言書

1 遺言者牧口晴一は、別紙目録一及び二の不動産並びに別紙三の預金を長男牧口＊＊に相続させる。

1-2 別紙一及び二の財産が既にない場合には、全財産の二分の一を長男に相続させる。

2 その他の財産はすべて、妻牧口＊＊に相続させる。

2-2 遺言者より先に妻牧口＊＊が死亡の場合には、右の相続分は次男牧口＊＊と長女牧口＊＊にそれぞれ均等に相続させる。

3 次男牧口＊＊には、平成＊年に住宅資金五百万円を贈与しているが、この特別受益は持戻さないものとする。

令和五年十二月四日

遺言者　牧口晴一 ㊞

家族信託と同じ（1）／売却時のために…（1-2）／信託外財産・相続人死亡対策（2・2-2）／特別受益持戻し禁止（3）

能性があるのが心配でした。そんなときには上の図の3のような遺言を加えます。さらに127ページの**「付言事項」でその理由を書いて争いが起きないように**手当するのです。

これによって、特別受益500万円については、相続の基礎財産に含まれなくなるため、次男にとっては渡し切りになります。だから、上図の2-2の遺言では、長女と均分に相続されることになります。

(2) 結婚20年以上の配偶者は自動的に「持戻し免除」

結婚20年以上の夫婦の互いへ居住用の不動産を遺贈または贈与したときは、上の図の遺言書のように書かなくても、書いてあるものと推定してくれます。
逆に結婚20年未満の夫婦のケースでは、上図のように明記しなければなりません。

(3)「持戻し免除」があっても「遺留分」には関係しません

「持戻しの免除」は亡くなった方の意思を尊重するものです。一方で、相続人の相続に対する期待から、遺留分という最低限の権利が認められています。「持戻しの免除」で遺留分まで制限できるとしたら、遺留分制度の意味がなくなってしまうからです。

したがって、「持戻しの免除」があっても、遺留分を計算するときは、「持戻し免除」がなかったとして、つまり、特別受益額を持ち戻しして、それを遺産として、通常、法定相続分の半分となる最低保証額である「遺留分」を計算するのです。

(4)「おしどり贈与」に注意

俗に「おしどり贈与」という相続税の制度があります。上記と同様に結婚20年以上の夫婦間で、居住用不動産を贈与したときに2000万円までは贈与税が非課税になる制度です。

しかし、「おしどり贈与」には、思わぬ負担として不動産取引税や登録免許税が課税されて「やらなければよかった。**贈与せずに相続で渡せばかからなかったのに…」と悔やむ人が多い**のです（176ページ参照）。

それを防ぐためには、贈与ではなく遺贈、すなわち遺言書で「妻に別紙＊＊の居住用不動産を相続させる」とし、結婚20年未満の夫婦のときは、「特別受益の持戻しをしないものとする」と書くことです。

なお、居住用の不動産については、その他にも相続税法の小規模宅地の8割引きや配偶者の税額軽減などが複雑に関連しますので、第6章で詳しくお話しします。

❿ 心を込めた遺言書を書くには

(1) 遺言書の「付言事項」を書く

これまで、「もめないために」様々な工夫をしてきました。遺言書は法的に正式で厳格なものです。どうしても形式にとらわれてしまいやすいものです。

そこで、遺言書の後に「付言《ふげん》」を書くことをお勧めします。

「付言事項」を書く

遺言書

3 （前略）持戻さないものとする。

付言事項 4

妻＊＊には窮地の時にも動じず支え我慢してくれたこと感謝に堪えない。

長男＊＊に、牧口家を託すため、優先的に相続させることにした。その一旦としても妻の余生をみてやってくれ。

次男＊＊に、子どもたち3人の間にあって、どうしても平等に扱えず不満に思うことあるだろう。生前贈与でもできるだけのことをしたつもりでも、君にとっては配慮の足らないと思う部分は幾らでもあるだろう。詫びるほかない。

長女＊＊に、嫁いでいったとはいえ、同性故に、具体的な介護などで妻が頼みにするのは君になるだろう。最期まで看取ってやってくれることを望む。

遺言者　牧口晴一　㊞

令和五年十二月四日

想い（感情）を伝える。法的な効力は無い部分。（傍線は解説のため）

遺言書の本文

この**付言は正式な遺言書ではありません。つまり法的効果はありませんが遺された人の感情を大きく作用して、遺言書に書いたことを納得**してくれやすくなります。

たとえば…上の図のように書きます。しかし注意してほしいのは、**どんなに平等にしたつもりでも平等にはならないことです。**

相続人それぞれの、親からの愛情の受け取り方もすべて異なります。

皆、条件が異なります。

「仲良し家族」はこれらを互いに我慢し合えるものです。

そして、**よくある紋切り型の台詞である「兄弟仲良く」などとは書かないことです。具体的でユニークな言葉を紡ぎ出してください。**

「付言事項」だけ手元に残す方法も

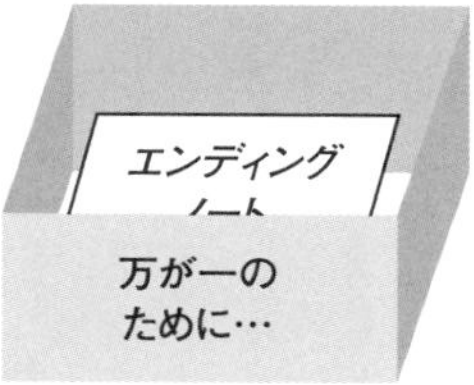

エンディングノートについては優先順位は後ですから、遺言書を書き終えてから、ぼつぼつ準備をします。

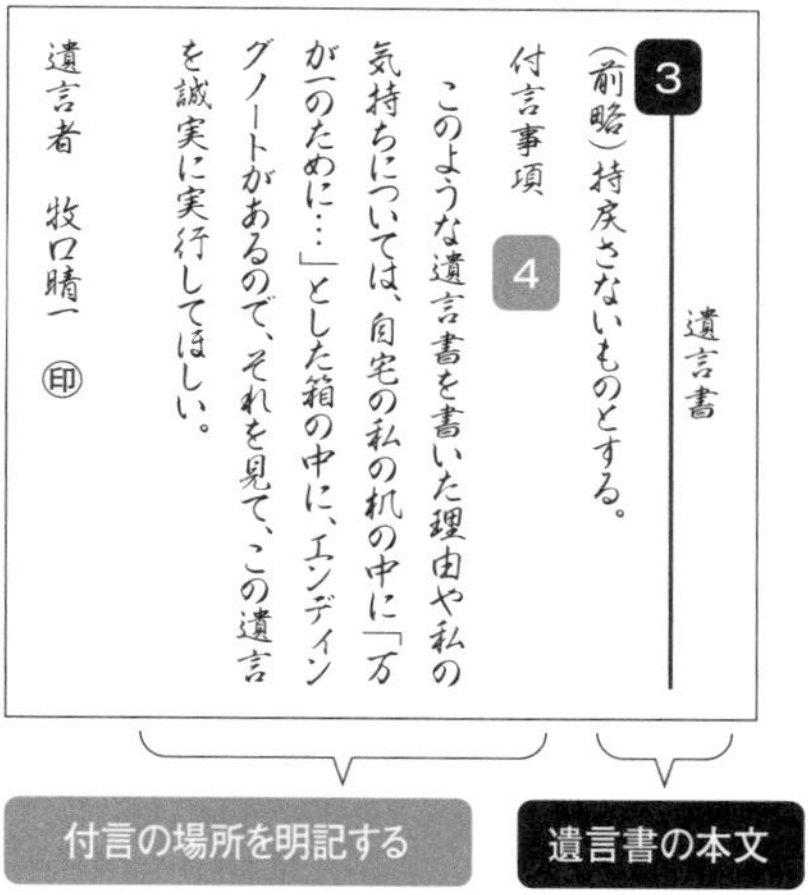

遺言書

（前略）持戻さないものとする。
付言事項

このような遺言書を書いた理由や私の気持ちについては、自宅の私の机の中に「万が一のために…」とした箱の中に、エンディングノートがあるので、それを見て、この遺言を誠実に実行してほしい。
遺言者　牧口晴一　㊞

上の図の例の側線の部分では、**大きな差が出ないようには努力をするため、足らないと思う部分については生前贈与**をします。ただし相続税の心配がなければ、不足する額は、生前ではなく、余分に遺言書に記して相続させてもよいでしょう。

(2) 「付言事項」だけ手元に残しておく方法

前ページの遺言書の付言事項は、**現実には以下の理由で書きにくいもの**です。

・気持ちを伝えようとすると、どうしても長くなり、間違いやすくなる。
・しかし、自筆証書遺言は手書きで、なるべく訂正なく書かなければならない。
・「兄弟仲良く」など、ありきたりのことは書いても意味がない。

・後では付言事項だけの書き直しは非効率。本文の修正はできる。

そこで、手元に付言事項だけを書き残します。しかし、それでは発見されない恐れがあるので、法務局で保存する自筆証書遺言の付言事項には次の⑶のように書き、場所を明示して、エンディングノートにつらつらと書き綴るのです。**特に借金や保証人をしていることはプライドがあって子どもにも伝えにくいものですから、これも書いてもらいます。**これは死後の相続放棄の決断にとても役立ちます（２１４ページ参照）。

⑶ 遺言書と矛盾した「付言事項」は書かないこと

付言事項は法的効力がありません。しかし、遺言書と矛盾したことを書くと争いの元になります。**遺言書の控えを「万が一のために…」の箱に入れ、常に遺言を基準にノートを書きます。**気持ちが変わったら遺言書の書き直しです。

エンディングノートに書くべきこと

・パソコン・スマホ・SNSのパスワード（特にスマホは解読に数十万円かかります。しかも解読は保証されません）

・まだ伝えていない秘密の財産・借金
・葬儀に呼んでほしい人
・様々なことで相談できる人
・貸金庫・菩提寺・無理のない葬儀の希望
・権利書等重要書類の保管場所
・尊厳死宣言（公証役場で2万円ほどで作成できるのでお勧めです）
・臓器提供の希望（これも家族が悩むこと）

⑪ 不平等に遺産分割をしたいときは遺留分放棄をセットする

前ページまでは、妻を優先し、次に家を継ぐ者を少し優先し、最後に残った子どもたちには、**平等に…という一般的な遺産分割を想定**しました。

ところが、「〇〇家」の意識の強い家や、親が事業をしているときには、**平等な遺産分割では、「〇〇家」や事業を守ることはできません。**

だから「仲良し家族」だからこそできる「全財産を後継者に相続させる」という遺言書を書くのです。

しかし、「仲良し家族」でも、民法に基づき権利意識が高まってきた他の相続人が、「最

「遺留分侵害額請求」に備える

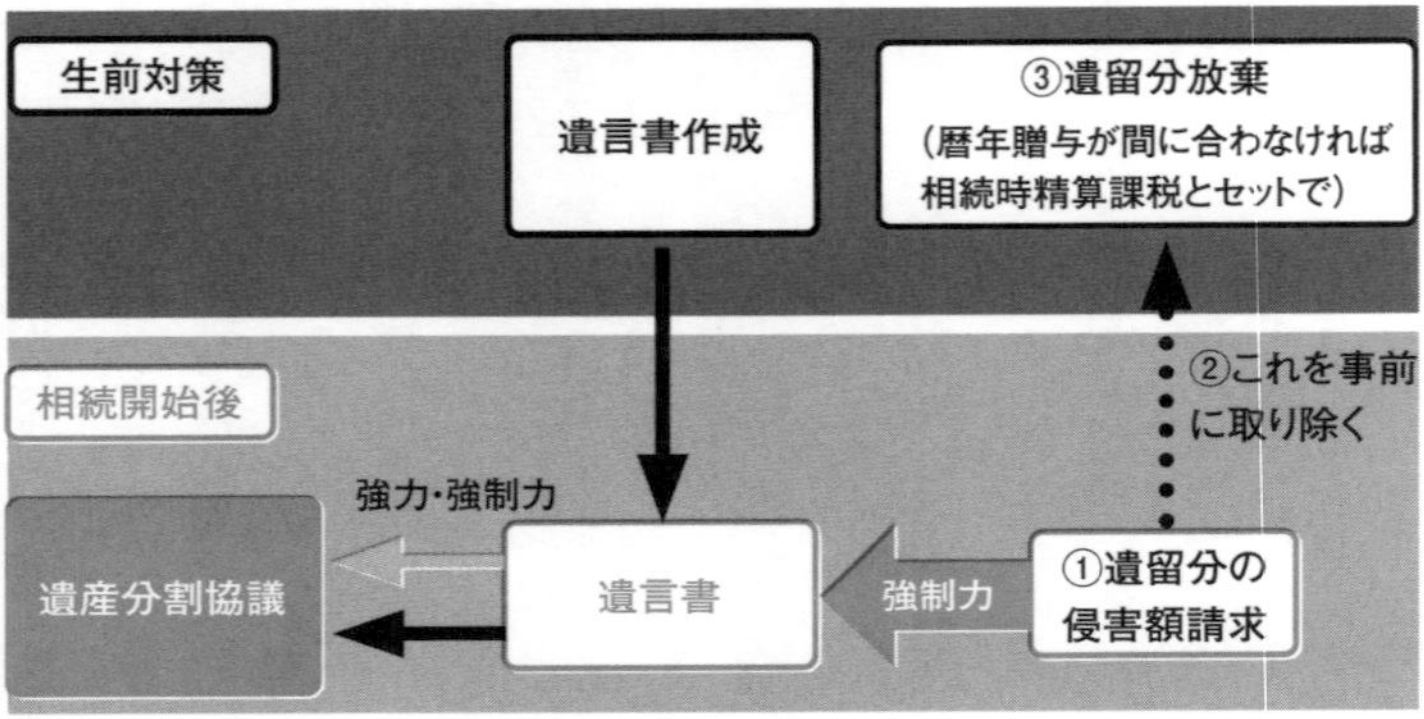

低限の相続分である遺留分を寄こせ」と請求してくる可能性も増えてきました。**なにせ、未来のことですから、「仲良し家族」でも、将来に子どもが配偶者を得て心変わりするなど、予測不能な部分があるからです。**

そこで今度は、「〇〇家」や事業を守る、不平等な遺産分割をしたいときの対策をお話しします。その前に基礎知識を左ページにまとめました。

ある相続人に集中的に相続させる遺言書を書いても、他の相続人の遺留分を侵すと、「遺留分をくれ！」という遺留分侵害額請求をされる**可能性**があります（上図①）。これは遺言書に対して強制的に変更させる力を持っています。**そのリスクを避けたいなら、**②事前に取り除くために、必ず**生前に、遺留分の権利を持つ相続人に、③の「遺留分放棄」をしてもらう**のです。

基礎知識

●**法定相続分**（以下の3つのケースがあります）

配偶者と子どもが相続人であるときは、2分の1ずつ。

子どもが複数のときは、頭数で均等。

配偶者と亡くなった方の直系尊属（親や祖父母など）が相続人であるときは、配偶者が3分の2、直系尊属は複数のときは、頭数で均等。

配偶者と亡くなった方の兄弟姉妹が相続人であるときは、配偶者が4分の3、兄弟姉妹が4分の1。兄弟姉妹が複数のときは、頭数で均等。

●**遺留分**（亡くなった方の兄弟姉妹や甥姪は請求できません）

法定相続分の半分。父母のみが相続人なら、法定相続分の3分の1。
遺留分の請求は**1年以内にしないといけません。**
遺留分の請求ができる人
配偶者、直系卑属（子どもや孫など）、直系尊属（親や祖父母など）。
遺留分を請求するかしないかは、任意です。

●**代襲相続**

相続人であるべき**子どもが、相続をするときにおいて死亡しているとき**は、その直系卑属は子どもに代わって相続人となる。
（だから、亡くなった方の兄弟姉妹の子どもは、相続するときにおいて死亡していても、その子孫に代わって相続人にはなれません）。

しかし、遺留分の権利を持つ人にとっては、明らかに不利な手続きです。加えて、不利になるにもかかわらず、平日に休みをとって裁判所の手続きをしなければなりません。

仮に「お父さんの言いつけだから仕方がない。遺留分を放棄します」としても、この手続きは家庭裁判所で行いますから、**裁判所は「遺留分を放棄されるに相当するほどの生前贈与を既に受けていますか?」と問います。**

もし、それほどの生前贈与を受けていないと裁判所は、遺留分の放棄を認めてくれません。したがって、遺留分を放棄する前に、生前贈与が不足するときは、まとめて生前贈与をしなければなりません。

しかし、その生前贈与が多額であるときは、贈与税も巨額になってしまいます。そこで、「相続時精算課税贈与」という贈与の方法をとれば2500万円までは贈与税がかかりません。それ以上の額であっても、超えた額の20%相当額の贈与税で済みます。

ただし、相続時精算課税贈与をすると、その名の通り、相続時にその額を相続財産に全額加算して相続税を計算し、贈与時に払った贈与税額を控除して…とまさしく精算します(146ページ参照)。

結局、遺留分に相当する財産は生前に渡しておくことで、死後に請求されることはなくなり、遺産分割のときに、もめずに済むということです（会社経営者のときには、別の方法として「除外合意」などがあります）。

⑫ 遺言書では（健常者の）孫へ遺贈をするな！

思わずやってしまいがちなのが、遺言書での孫への贈与（遺贈）です。

これは、相続税法のことで、遺言書は民法の世界のことですが、お話ししておきます。

遺言書は、家族信託と異なり、簡単に書けます。認知症が相当進んでも可能です。

それだけに、思わず「孫に贈与する」と遺言書に書きがちです。

生前に孫に贈与すると、次ページの図の上のように、相続が起きても、相続財産に加算されることなく**スルーパスです。なぜなら、**孫は相続人ではないからです。

ところが、**遺言書に書くと、「遺贈」になって相続税法では「相続」と同じに扱い、**次ページの図のように、相続人と同様に、「亡くなる前、3年間の贈与は相続財産に加算する」が適用されてしまうのです。

65年ぶりに相続税の大改正が

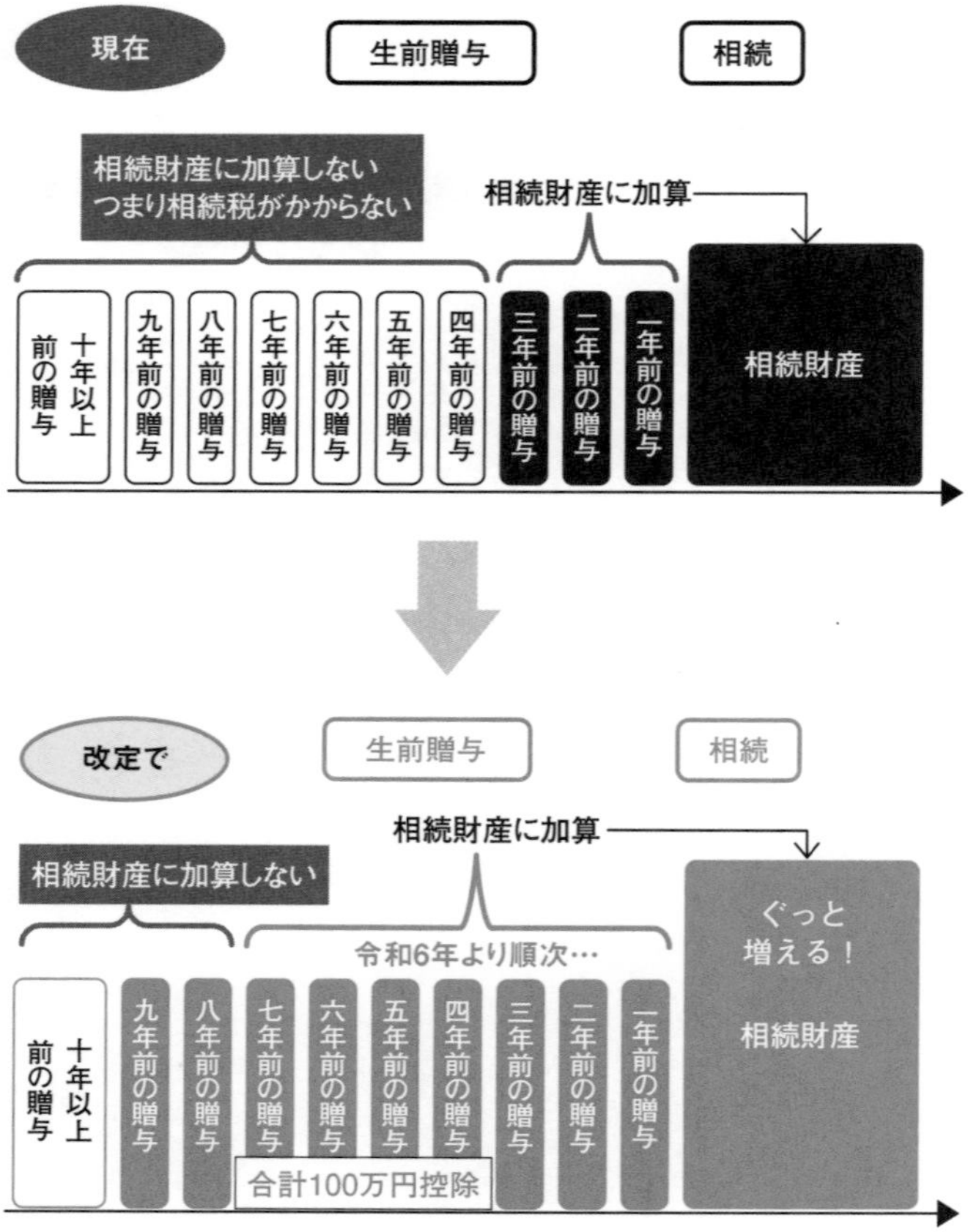

令和6年の贈与から改正が適用されて、毎年1年ずつ加算される年数が増え、令和13年には7年間の贈与が加算される。
加算する4〜7年前の贈与額から合計100万円が控除される。

相続税法が改正され、３年間の贈与にとどまらず、亡くなる7年間の贈与も加算されるのが遺贈した孫にまで適用されてしまうのです。

遺言書は、**亡くなったときに有効になります。その時点での相続税法が適用されるので、将来の改正が直接影響する**のです。

その他、**孫への生前贈与は節税の効果が高い**ので、相続税の節税の分野として、１８０ページ以降で詳しくお話しします。

しかし、**遺言書は死後に効果が出るため、生前の贈与にならない**から遺言書には孫への贈与（遺贈）はしないことです。

＊＊＊＊＊＊＊＊＊＊＊＊＊＊＊＊＊＊＊＊＊＊＊＊＊＊＊

逆に、孫が障がい者であるときは、養子のうえで遺言することがよいこともあります。

税制の特例で未成年者控除や障がい者控除が大きいからです。

- **未成年は、18歳になるまでの年数×10万円**
- **障がい者は、85歳までの年数×10万円（特別障害者20万円）**での特例があります。

これは税額控除ですから、その額が直接に税金が少なくなり効果が大きいのです。

障がい者のお孫さんがいれば是非とも養子にしてあげることをお勧めします。

孫養子はデメリットがありますが、それを上回ることでしょう。

仮に、お孫さんが8歳の特別障がい者のときに、相続が起きたとすると、2つの控除は、未成年者控除10年×10万円＝100万円、障がい者控除77年×20万円＝1540万円となり、合計で1640万円も税金が安くなります。

ポイントは未成年者や障がい者に対し実際に相続または遺贈をすることです。つまり、親に相続させるのではなく、養子にした孫に直接渡すのです。

遺言書がないときには、未成年者や障がい者のために家庭裁判所に特別代理人の申請をしなければなりません。したがって、**やはり遺言書が大切**なのです。

また、納税で困るときに、物で納める「物納」でも孫に遺言書を使って遺贈する裏技が使えます。

家族信託なら介護費用の立替えでもめない

財産目録ができ相続であわてずにすむ

実家で、父と息子が話し合いをしている
実は家族信託にしようと思ってるんだ
それでこの家の固定資産税と火災保険の費用を知りたいんだけど
この通帳で自動引き落としだから…
年間30万円だな
すると父さんが長生きして20年後に亡くなるとして…
30万円×20年
=
600万円
６００万円の費用も預かっておかないとなぁ～
この通帳には１００万円位しかないけど
別に定期で３００万円あるし
ふむふむ
郵貯には1千万円あるからそこからお前に預けるよ
その他にネット証券やトヨタの株や…
そんなにあるの!?
まあ父さんのプライバシーだから全部は聞かないけど
一度整理しようよ
通帳も3つくらいにまとめるか
その方が俺も助かるよ

第 5 章

節税のための生前贈与

1 令和6年から大改正！今なら間に合う暦年贈与

令和5年度の税制改正は大改正でした。136ページの図を次ページに再度掲げます。

この図は、「年間110万円までは贈与税は非課税」でおなじみの「暦年贈与」の改正の部分です。確かに贈与税は非課税なのですが、亡くなる3年間の贈与は相続財産に加算されて、今度は相続税がかってしまうわけです。

相続はいつ起きるかわかりませんので、たとえば、子どもや孫が5人いて、一人あたり年間100万円ずつ贈与すると、年間500万円。10年で5000万円の贈与ができます。それでも亡くなる3年間分の1500万円は、相続財産に加算されてしまうのです。

今回の改正で、加算されるのが、3年間から大幅に増えて、7年間になったのです。

しかし、これが始まるのは、令和6年の暦年贈与からです。それまでの間は、長生きさえすれば加算されませんので、駆け込み贈与が起きています。

今なら間に合う暦年贈与

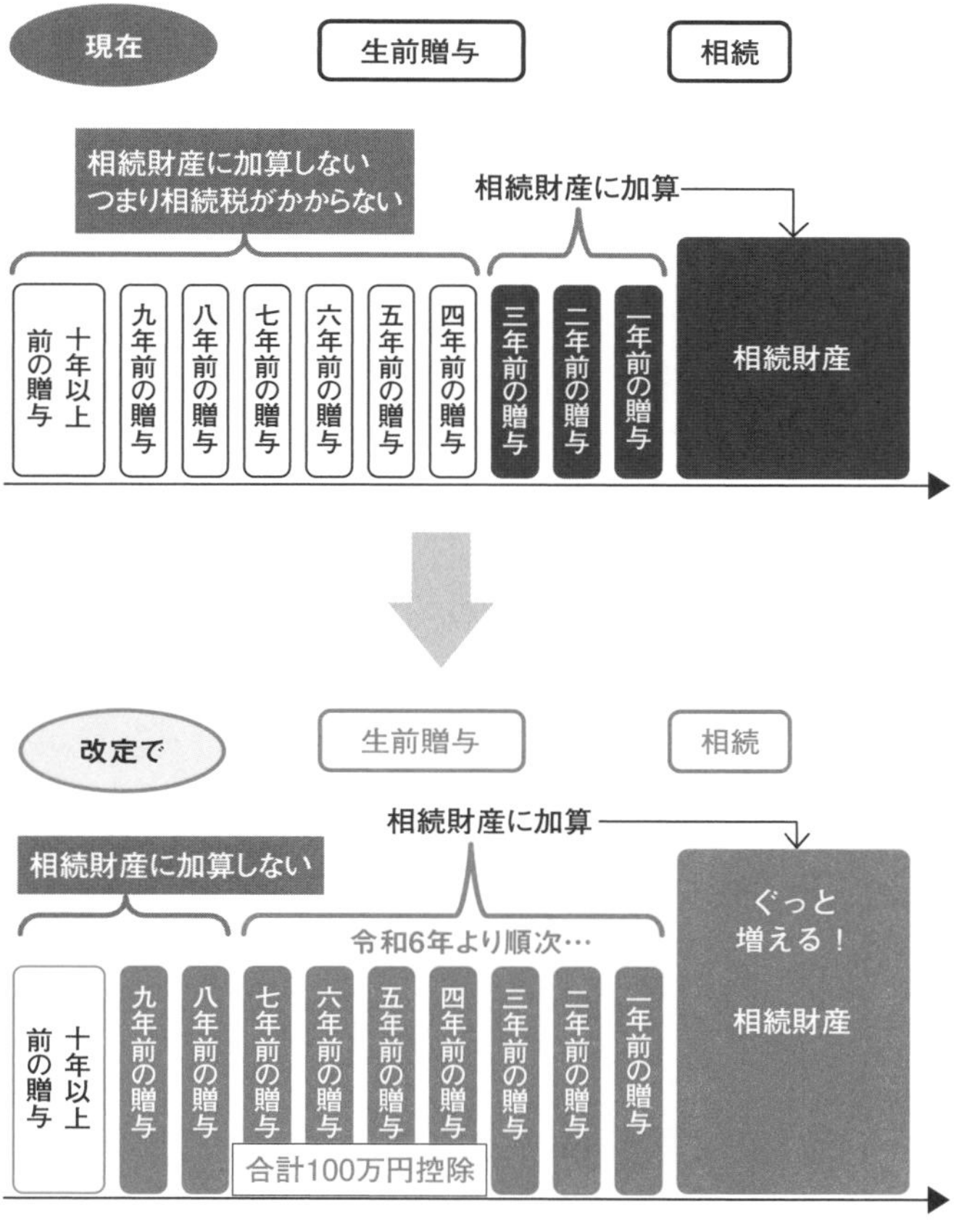

令和6年の贈与から改正が適用されて、毎年1年ずつ加算される年数が増え、令和13年には7年間の贈与が加算される。
加算する4〜7年前の贈与額から合計100万円が控除される。

2 もう少し細かく見てみると…

亡くなる前3年間の贈与というのは、丁度3年前の日までの贈与ですから、令和5年7月1日に亡くなったら、令和2年7月1日までにした贈与のことをいいます。

それでは複雑になるので、単純化のため1月1日の朝に贈与し、午後に亡くなったとして、何年の相続で、何年分の贈与が加算されるかを次ページの図にしてみました。

そうすると、**令和8年までの移行期が暦年贈与のラストチャンス**だとわかります。それ以降は、毎年1年ずつ加算される年が7年になるまで増えていきます。

ここで、見方を変えて、相続後に税務調査があったとしてみましょう。

現在は、亡くなる前3年間の贈与を重点的に調べて、その間の贈与が相続財産にちゃんと加算して申告しているかを調査します。

令和8年までがラストチャンス

西暦	2023	2024	2025	2026	2027	2028	2029	2030	2031	2032
令和	5年	6年	7年	8年	9年	10年	11年	12年	13年	14年
贈与額	110	110	110	110	110	110	110	110	110	110
加算額	110	220	330	330	440	550	660	660	770	770

・令和5年は、前年贈与がないので、亡くなった日の110万円だけが加算。
・令和6年は、令和5年と6年の贈与が加算されるので220万円。
・令和7年は、令和5年～令和7年の3年間の贈与が加算されるので330万円。
・令和8年は、令和6年～令和8年の3年間の贈与が加算されるので330万円。
・令和9年は、令和6年～令和9年の4年間の贈与が加算されるので440万円。
（図のグレーの部分・以降、令和12年までは、加算される年数が1年ずつ7年になるまで増えていく。
・令和13年は、過去7年分は令和7～13年となり、以降の年は7年加算。

毎年1月1日に贈与し、その日の午後亡くなったとすると… 加算される額は?
この間は、移行期なので暦年贈与のラストチャンスとなる（単位:万円）

ところが、7年遡って調査することになるのです。当然、申告するときも納税者（税理士）は遡って調べなければなりません。大変な手間になります。

そこで、加算することになった、**4～7年の間の4年間については、細かい贈与は大変なので、合計で100万円までは、加算しなくてもよい**ことになりました。

でも、**通帳などしっかり保存**しておかないと申告のときに、とんだ手間になりますのでご注意ください。ちなみに、税務署側は簡単に銀行に対して調査ができてしまいます。

3 暦年贈与とは別枠で110万円の控除ができた！

「暦年贈与」とは別の贈与の仕組みに「相続時精算課税贈与」という制度があります。その名の通り、相続時に精算する贈与、つまり贈与した額をすべて相続財産に加算して精算するというものです。

暦年贈与では、たとえば、2500万円贈与をすると835万円が贈与税です。ところが、**「相続時精算課税贈与」では2500万円までは贈与税が非課税**なのです（134ページ参照）。

ところが、不便な点もありました。先の例で、2500万円の贈与をするまでは贈与税がかかりませんが、翌年以降はたった10万円の贈与をしても、必ず確定申告で20％の贈与税がかかるのです。しかも、相続はいつあるかわかりませんから、亡くなるまで、ずっとそんなことをしないといけないので不評でした。

年間110万円までの贈与なら無税

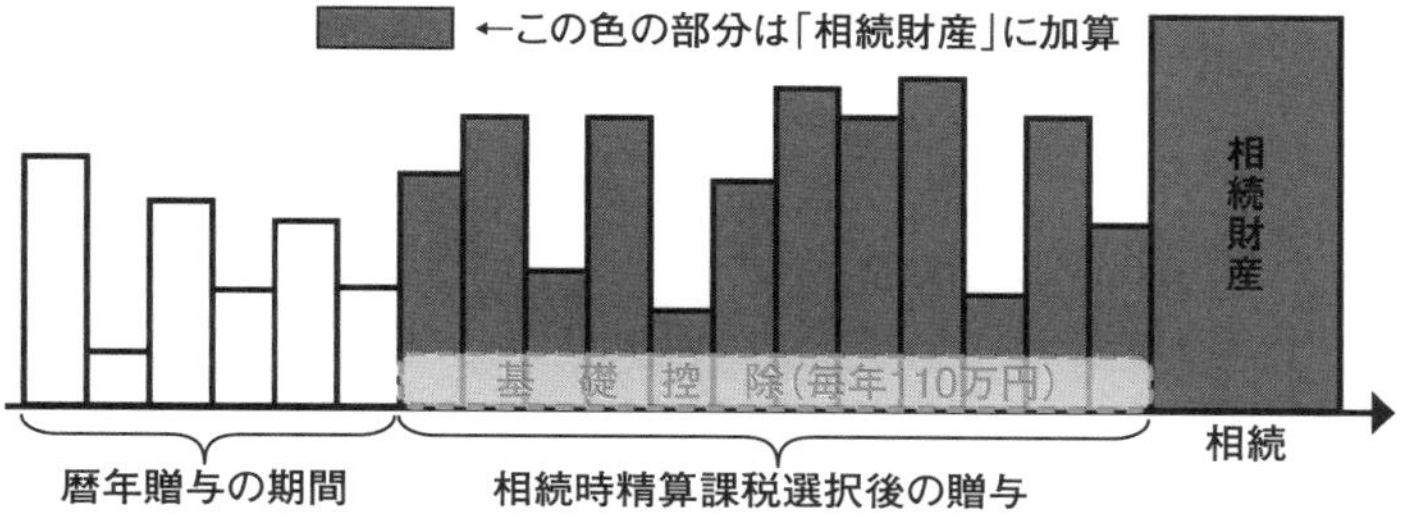

そこで、**令和６年からの贈与**では、初年度だけは申告が必要ですが、それ以降は、**年間１１０万円までの贈与なら贈与税は無税、つまり確定申告も不要**という、画期的な改正が行われました。

しかも、その１１０万円は、相続時に加算して精算しなくてもよいのです。

「暦年贈与」では、１１０万円以下で贈与税の申告不要な分であっても、たとえ１万円でも加算するのですから、この改正のすごさがわかります。

しかも「暦年贈与」と別枠で１１０万円の基礎控除があるので、父からは「相続時精算課税」、母からは「暦年贈与」で各１１０万円、**合計２２０万円の基礎控除が受けられるのです**。

4 相続時精算課税贈与でこんな節税が！

「暦年贈与」と異なり「相続時精算課税贈与」は選択しないと適用されません。

たとえば、選択する**最初の年に110万円の贈与をして確定申告**をします。そして、その後ずっと毎年110万円の贈与をします。すると上図のように、相続財産に加算する額は0円です。

「暦年贈与」なら、143ページのように、7年間の贈与額が110万円以下も加算されてしまうのに比べて格段に有利です。

令和6年以降、何年か経過した後に、たとえば134ペ

相続財産に加算する額はゼロに

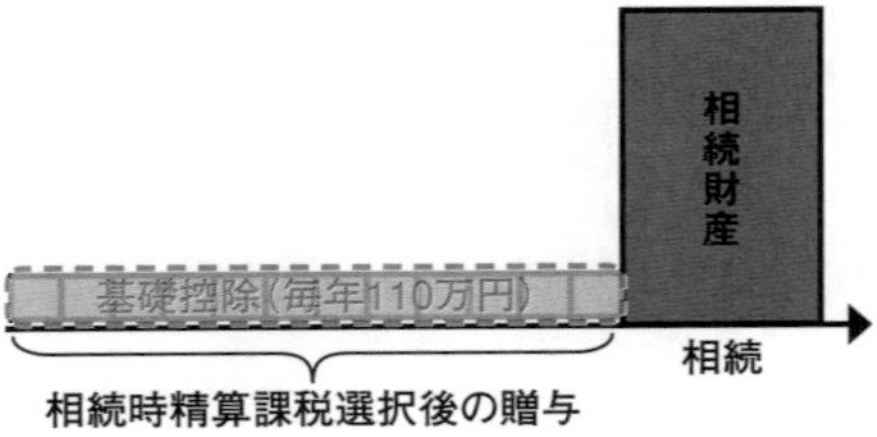

ゼロ円として確定申告

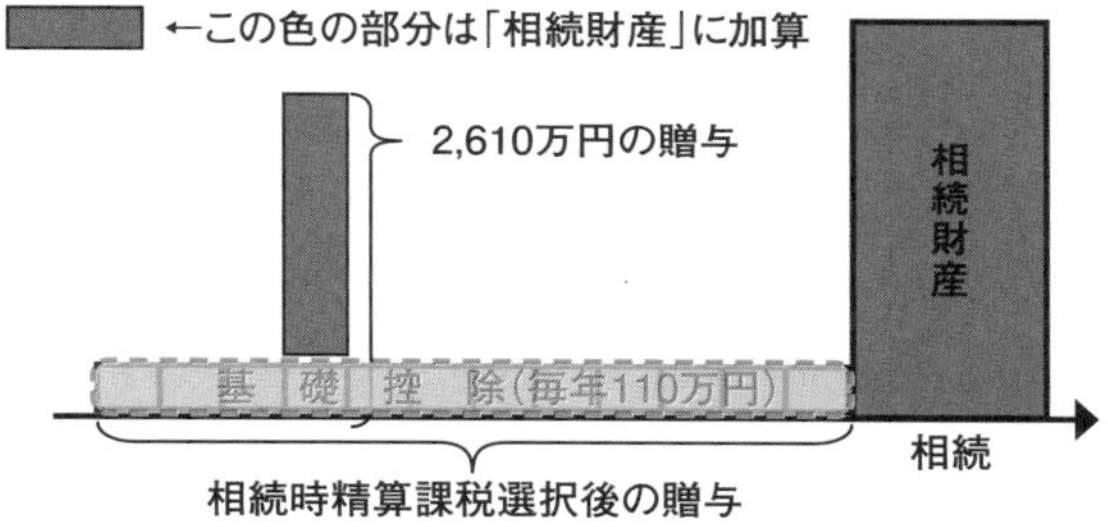

相続時精算課税贈与の申告
2,610万円―110万円―2,500万円＝0円

3,610万円の贈与をしたケースでは…
3,610万円―110万円―2,500万円＝1,000万円
1,000万円×20%＝200万円の贈与税

ージのような必要性があって、２６１０万円の贈与をしたとします。このときの計算は上の図のように０円で確定申告をします。それ以降は、また毎年１１０万円の贈与をしますが、確定申告は不要です。相続のときは、２５００万円だけが相続財産に加算されます。

３６１０万円の贈与をしたら税額は２００万円となります。これを相続税のときに精算しますから、算出された相続税額から２００万円を控除します。引き切れないときは、還付されます。この贈与税額の還付は「暦年贈与」にはなく、この点でも有利です。

5 「暦年贈与」と「相続時精算課税贈与」を比較する

二つの贈与の方式を一覧表で比較してみましょう。表のなかで、今までにお話ししていない重要なところは**「相続時精算課税贈与」の表の一番下の部分の③と④**です。③は、相続財産に加算して精算する額は贈与時の評価額でしたが、令和6年からは、災害等で価値が下落したときには再評価してくれることになりました。大変ありがたい改正です。

注意点は④です。自宅の8割引きの特例ができないのです（193ページ参照）。

相続時精算課税
65歳以上の直系尊属（住宅資金は60歳未満も可）
18歳以上の子・孫
上の「贈与をする人」ごとに相続開始までに原則2,500万円（令和6年以降毎年110万円の非課税枠）
（贈与額ー2,500万円）×20%の比例税率 令和６年以降は（贈与額ー110万円ー2,500万円）×20%の比例税率
贈与した年から相続開始まで
この制度を選択する場合は非課税枠内でも翌年2月1日〜3月15日に申告必要（令和6年以降の贈与額が110万円以下の場合は申告不要）
税額があるときは上記期間に納税し、相続時に精算する。
この制度で贈与したすべての財産が相続時に加算される（令和6年以降の贈与は、毎年110万円以下は加算されない）
贈与時の価額で評価され、上記の加算がされる（令和6年以降の贈与は、災害等の特定の原因で価額が下落した場合には減額された価額で加算する）
還付される
①一度に多額の資産を移転できる ②収益財産の場合は相続人に蓄積できる ③（令和6年以降の贈与は毎年110万円の基礎控除ができ、少額の贈与は確定申告が不要になる）
①原則的には節税はできない ②精算課税適用者との間では暦年贈与はできない ③贈与財産を使い切ってしまったり価額下落があった場合に納税困難になる可能性や他の相続人の連帯納税義務で苦境になる可能性も（令和6年以降の贈与は特例ができた） ④自宅等の小規模宅地の8割引きができない

「相続時精算課税」と「暦年贈与」の比較

		暦年贈与
贈与をする人		誰からでもOK
贈与を受ける人		誰でもOK
贈与時	非課税枠	上の「贈与を受ける人」ごとに毎年年間110万円
	税金計算	(贈与額ー110万円)×超過累進税率(10〜50%)
	計算期間	1月1日〜12月31日
	申告	①非課税枠内は申告不要 ②非課税枠を超えた場合は翌年2月1日〜3月15日に申告必要
	納税	税額があるときは上記期間に納税し原則完了する。
相続時	税金計算	相続開始前3年以内の贈与は相続財産に加算される(令和6年以降の贈与は順次1年づつ加算される年数が増え、令和13年以降は相続開始前7年以内が加算される。ただし、相続開始前4年〜7年の合計贈与額が100万円以下は加算しない)
	評価	贈与時の価額で評価され、上記の加算がされる
	控除	贈与税額控除がある
	還付	還付されない
メリット		①相続財産を減らすので節税になる ②長い期間、多くの人に贈与し続ければ節税効果が大きくなる
デメリット		①居住用財産の配偶者への贈与を除き短期間で多額の贈与はできない ②贈与の証拠を残しておくのに手間がかかる

6 あなたの贈与の仕方では無効です！

❶ 税務調査で一番多い否認は「名義預金」

これまで、２種類の贈与の仕方をお話ししてきました。しかし、**あなたが贈与したつもりの贈与が実は無効、つまり贈与になっていないことが多くあります。**

贈与税の確定申告がしてあっても無効になるのです。申告は親単独で勝手にできます。

これが、税務調査で一番指摘されることが多い「名義預金」と呼ばれるものです。

毎年、１１０万円を**子どもの通帳に入金していても、通帳も印鑑もカードも、親が持っていて、子どもに渡していない…実質的に子どものものになっていないのです。**

確かに、通帳の名義は子どもですが、それは親の財産のままです。

民法では、贈与とは、贈与する人が「あげます」と言い、もらう人が「もらいます」と言う〝双方の意思で成立する〟とあります。これが遺言と決定的に異なるところです。遺言は一方的に親から子にあげると言えばいいのです。しかし贈与は双方の契約ですから親だけが「あげます」と言っても、子どもは現に通帳を「もらっていない」状態です。

勝手に子どもの名義の通帳を作って、そこに親が、黙ってせっせと入金しているだけなのです。だから贈与は成立していません。

親が亡くなった後に、子どもが親の通帳を整理していると、子ども名義の通帳を発見する…よくあるケースです。子どもは「親父は俺の名前で預金してくれてたんだなぁ」と感謝して自分のものとして疑いもなく懐に入れ、親の財産として相続税の申告をしないものです。**「仲良し家族」だからこそ侵してしまう無知からくるミス**です。

しかし、税務署は厳しいです。「もらったという証拠はありますか？」「入金してあるだけなら、親から子に貸したのかもしれませんよね。だったら貸付金という財産です」。

このように、基本を間違えると、年数が経つほどに、被害が大きくなります。

「8年前に贈与したから相続財産への加算はなしだ」と安心していても、そもそも贈与が成立していないのですから、いまだに親の財産のままなので、振り出しに戻ってしまいます。

では、正しい贈与はどうやってすればいいのでしょうか。次にお話しします。

❷ こうしないと贈与は認められない！

親が亡くなると「死人に口なし」ですから、亡くなった後に、それが**本当に贈与であることを証明できるようにしておかなければならない**のです。

現金・預金を贈与するケースでは、最低でも次のようにしておきます。

(1) 子ども（孫など受贈する人）が普段から使っている口座に入金するようにして、現にそのお金を子どもが使っている状況にしておく。

これが最も大切です。贈与したのだから、自由に使えなければなりません。**贈与税の確定申告は、親が勝手にできるので本当の証拠にはなりません。**

(2) 定期預金などを贈与するときは、(1)**のような場合でも使っている形跡が残らないので、毎回「贈与契約書」を作っておきましょう。**これがないと、お金を渡したけれど、「貸した」のではないか、と疑われます。

❸ 家族も知らなかったら、裏切りになってもめ事に！

これは、せっかくの「仲良し家族」を、遺産分割をめぐる争いに発展させかねません。

贈与契約書

贈与者*****（以下「甲」という）は、受贈者*****（以下「乙」という）と、下記条項により贈与契約を締結する。

記

これらが贈与条件

第1条　**甲は、現金 ***万円を乙に贈与するものとし、乙はこれを承諾した。**

第2条　甲は、第1条に基づき贈与した現金を、令和 年 月 日までに、乙 指定の銀行預金口座に入金或は手渡しするものとする。

この契約を締結する証として、この証書2通を作成し、甲乙双方が記名捺印のうえ、各1通を保有するものとする。

以上

令和*年*月*日

なるべく自筆　**個人専用の物**

（甲）住所********　氏名 ****㊞

（乙）住所********　氏名 ****㊞

贈与を受けたことを自覚できない年少者や身障者のときは、親権者が乙の署名欄の下の行に、親権者として署名押印をする。

家族信託で無駄使い防止

つまり、相続税の申告で相続財産の全体額がわかったうえで、遺産分割をしますが、あとから税務調査で、たとえば長男名義の預金（実は父親の財産）があるとわかると、他の家族にとっての裏切り行為になって、**遺産分割の根本の額が違ってくるからです。**

❹ 本当にあげてしまうと無駄使いされる…と心配なら

では、そもそも親はなぜ通帳を子どもに渡さないのかといえば、**「渡せば無駄使いするから」とか「勤労意欲を失うから」という親心**なのです。

そこで、**無駄使いさせない方法**があります。

〈対策1〉家族信託をする

まず、上図のように、①子や孫（委託者、兼、受益者になります）に贈与します。

②これを信託によって**再び親（受託者とします）の所有**

権に移します。これで、**子・孫が財産を自由に使うことはできなくなります。**

つまり、財産の管理は親のまま、子どもへの財産の贈与を実行することができます。税金は、息子に贈与したときに贈与税の負担があるのみで、年間110万円以下なら贈与税も非課税です。しかも、②の**受託者である親への所有権移転時には課税なし**で、**現金なら登記も不要です。**信託契約書は95ページを参考にして作れば簡単です。また、認知症による財産凍結回避でもありませんから、**公証人の証明も不要で、非常にシンプル**です。

〈対策2〉　生命保険料の贈与をする

孫への贈与には原則として使えないですが、もっと簡単なのが、生命保険料の贈与です。手順はこうです。

①子どもを生命保険の契約者・保険料負担者・受取人となる生命保険に加入します。被保険者は親がよいでしょう。

②毎月（毎年）の保険料を子どもの通帳から引き落とす直前に、親から保険料と同額を入金します。これで子どもが使う間もなく、保険料が引き落とされます。

親が亡くなると、子どもに保険金が入ってきます（166ページ参照）。

❺ 妻の「へそくり」は夫の財産です！

前ページでは子どもへの贈与が名義預金とされて親の財産となりました。他に特に多いのが、妻の「へそくり」です。はっきり言って、これは妻の財産にはなりません。夫の財産なのです。これも民法の贈与の定義からくる当然の結果です。

講演でこのお話をすると、**「でもウチの場合は大丈夫でしょう?!」と多くの方から質問が出ますが、ほとんどダメ**です。

「でも生活費として夫からもらって、全部使って当然のところを、**私が工面《くめん》して残した私の努力だから、私がもらったのを貯めていたので私のものヨ！**」と頑張られます。でも、これについては**幾度も裁判が起こされ、全部が納税者の負け**になっています。

生活費としてもらったといっても、**正確には、夫は子どもにも食べさせるために生活費の管理を頼んだだけで、妻に贈与したわけではありません。**

「でも、**余ったらお前が自由に使ってもいいよ**と言われていました」と言っても**死人に口なし**です。

妻名義の通帳に入金されていても、**贈与の証明はありません**。ではどうしたらいいか。

155ページの図のように**贈与契約書を書いておくことしかない**のです。

具体的な**税務調査がある前に、税務署は勝手に、銀行で過去数年以上にわたって調べることができます。**しかも、贈与には時効がありますが、夫の本来の財産なので時効は関係ありません。何年も遡られて調べられます。

妻の場合は、「配偶者の税額軽減」（185ページ参照）があるので、ほとんど相続税がかかりませんから、夫の財産として申告した方が安全です。かつて、1億円の「へそくり」を申告してもらったことがありました。もちろん、相続税はかかりませんでした。

7 贈与の特例は7種類ある…贈与の方針

❶ 7つの特例の概要

ここまでは、**「暦年贈与」**と**「相続時精算課税贈与」**の2つの贈与をお話ししてきました。**この他に左表のように、全部で7つの贈与の特例があります。**

なお、**「仲良し家族」の「シンプル相続」に必要なところだけ**は、後ほどお話しします。

❷ 値上がり確実なものを贈与する

上記の贈与は、**相続時に加算するものとしないものに大別**されます。そして、加算される贈与は、**贈与したときの価額で加算**されます。

つまり贈与してから値上りしても、値上がり前の価額で加算されます。だから、将来値上がり確実なものを優先して贈与するのです。

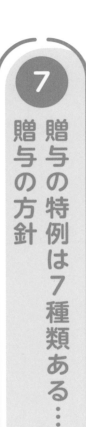

贈与の特例は7種類

	贈与の名称	贈与枠	相続で加算
1	暦年贈与	年間110万円	3年加算（令和6年以降加算年数が1年づつ増え、令和13年以降は7年加算となるが、4～7年の間は合計100万円は加算しない）
2	相続時精算課税贈与	2,500万円	全加算（令和6年以降は、年間110万円は加算しない）
3	住宅資金非課税贈与	1,000万円	なし
4	教育資金非課税贈与	1,500万円	残高加算（令和8年3月まで）
5	結婚子育資金非課税贈与	1,000万円	残高加算（令和8年3月まで）
6	贈与税の配偶者控除	2,000万円	なし
7	特定障害者特定贈与信託	6,000万円	なし

3番目は「住宅資金非課税贈与」です。子や孫が家を持ちたいときに親から取得資金を贈与するもので**特徴的なのが、贈与した額を相続財産に加算しなくてもよい**ことです（170ページ参照）。

4番目は「教育資金非課税贈与」です。子や孫の教育資金で、**銀行に信託して、銀行の管理のもと、**引き出しますが、使い残しは相続財産に加算されます（174ページ参照）。

5番目は「結婚子育て資金非課税贈与」です。子や孫の結婚子育て資金を、**銀行に信託して銀行の管理のもと、**引き出しますが、使い残しは相続財産に加算されます（174ページ参照）。

6番目は「贈与税の配偶者控除」です。俗に「おしどり贈与」と言われているもので、**配偶者に住宅を贈与する**もので、相続財産に加算しません（176ページ参照）。

7番目は「特定障害者特定贈与信託」です。**障がい者の子孫がいらっしゃる方は参考にしてください。**

相続税の実効税率の算定

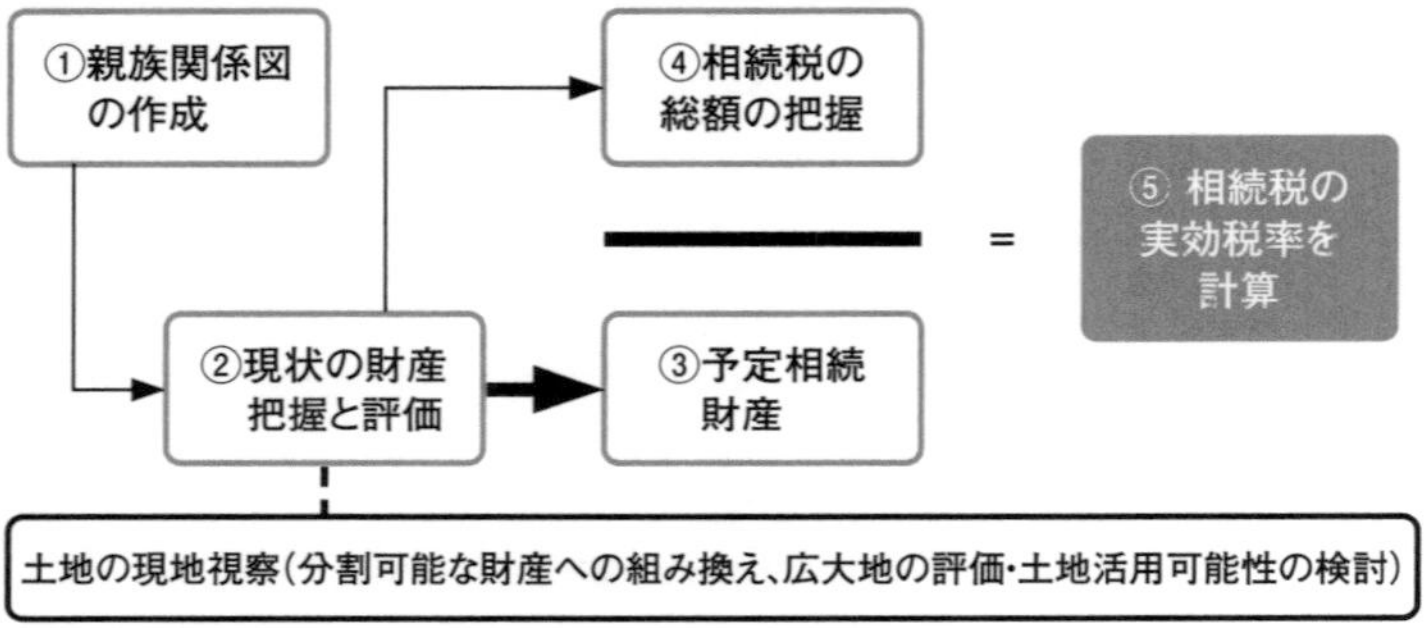

具体的には、将来道路ができることが都市計画図などで明らかな土地や、自社株などです。しかし値下がりすると逆に損をすることになります。

一方、加算しない贈与（前ページの表の3〜7）は原則として、必要なときに果敢に実行しますが、このうち7以外は、実行すればよいというものではなく、様々な問題を抱えていますので慎重に判断しましょう。

❸ 贈与は一律110万円ではなく相続税を試算してからが原則だが…

最適な贈与額は、結構難しいものです。「暦年贈与」は一律110万円ではありません。予想される相続税額を計算したうえで、多少の贈与税を払ってでも贈与するのがよいのです。

しかし、この計算は結構手間がかかります。上図にある手順で、⑤の相続税が何%かという「実効税率」

贈与税の速算表

【一般贈与財産用】(一般税率) 右以外の、兄弟間の贈与、夫婦間の贈与、親から子への贈与で子が未成年者の場合などに使用			【特例贈与財産用】(特例税率) 直系尊属から、その年の1月1日において20歳以上の者（子・孫など）への贈与		
基礎控除後の課税価格	税率	控除額	基礎控除後の課税価格	税率	控除額
200万円以下	10%	―	200万円以下	10%	―
300万円以下	15%	10万円	400万円以下	15%	10万円
400万円以下	20%	25万円	600万円以下	20%	30万円
600万円以下	30%	65万円	1,000万円以下	30%	90万円
1,000万円以下	40%	125万円	1,500万円以下	40%	190万円
1,500万円以下	45%	175万円	3,000万円以下	45%	265万円
3,000万円以下	50%	250万円	4,500万円以下	50%	415万円
3,000万円超	55%	400万円	4,500万円超	55%	640万円

を算定して、それより贈与税の率が低い額となる贈与をします。その結果は、国税庁統計では、平均は毎年一人ごとに数百万円の贈与をしています。しかし、問題はあなたの場合はいくらになるか、です。

計算を待ってはいられません。その年の非課税枠はその年しか使えません。だから、いま持っている情報から、**相続税が少しかかりそうなら110万円、遺産が3億円以上はあるなと思うなら、500万円の贈与**をします。

「家族信託」の契約で親の財産の中心部分がわかってきました。遺言書を書くサポートをしていくなかで徐々に他の財産も判明してきます。この効果が大切なのです。

相続で最初に困るのが、財産の明細がわからないことだからです。

これで「シンプル相続」の過半が完了したといっても過言ではありません。

そうすると、相続対策もはっきりしてきます。その結果、相続税がどのくらいか、あるいはかかるかからないかがわかってきます。その時点で贈与額を変えればよいのです。

❹ そもそも贈与しないのも立派な対策

ここは特に、親の立場でお話しします。贈与は焦ってはいけません。税制改正で贈与を早めようと躍起《やっき》ですが、ちょっと立ち止まってください。それはお金持ちの話です。

誤解を恐れず言えば、**相続財産が3億円以上の方は「お金持ち」ですから、大いに生前贈与を考えましょう。**だから、この章のタイトルが「節税のための生前贈与」なのです。

それに満たない方は、私も含めて庶民です。相続税がかかったとしても、大した金額になりません。次章の「相続税の計算」で試算し、亡くなったときの節税と110万円の暦年贈与（令和6年からは相続時精算課税贈与を使って毎年110万円で）十分です。

さらに**生前贈与をしないで、前章の「遺言書」で亡くなったときに遺産分割をする方が、**

むしろ、もめにくいと永年の相続実務のなかで肌感覚として感じていることです。

生前贈与しないと、遺言書の書き方もよりシンプルになります。生前贈与した分を「特別受益」として、どうするかを悩まなくて済みます。

とは言っても、子どもが家を建てるので資金を援助してほしいと言われると、してあげたいのも親心です。問題は、それを平等にすることができるかです。170ページからお話ししますが、争いの種になりかねません。

「建てる子、建てない子、いろいろだろう。どうしても必要なときに、一生に一度だけ、500万はあげよう」として家庭に応じた枠を決めて、住宅資金なら非課税贈与が使え、生活費として必要な都度に分けて贈与すれば非課税です（174ページ参照）。

もっと大切なのは、親自身の生活です。**お金を持たない老人はみじめです。**「仲よし家族」だからといって過信は禁物です。子どもにも家庭があります。**だからこそ、自分のお金が財産凍結にならないように、子どもたちに迷惑をかけないように家族信託をする**のです。その後、おもむろに贈与です。

こうして、**いざ認知症になれば信じて任せるけれど、**それまでは自分でガッチリ持つことです。贈与し過ぎると路頭に迷うことになりかねません。

8 贈与と並行して生命保険を見直す

被保険者	保険料 負担者	保険金 受取人	課　税
父 	父 	子 	相続税

❶ 贈与は財産を減らす効果…それ以上の効果がある生命保険

生命保険は保険会社へ保険料を払うので、財産が減ります。そして、亡くなったときに、生命保険金が入ってきます。しかし、そのうち、**法定相続人一人あたり500万円は相続税が非課税**になります。

法定相続人が3人いれば1500万円、相続税がかからないわけです。**それを超えた部分についてだけが相続税の課税の対象**となります。

生命保険の**契約関係の一番オーソドックスなパターン**が上図の関係です。つまり、お父さんが保険を掛けて、自分が死んだときに、家族が受け取るのです。

高齢の親は多額の保険には入れないものです。しかし、先の非課税枠程度なら**80歳前後でも入れる**ものがあります。その代わり保険金は掛金程度しか入りません。それでも、たとえば、1500万円の保険料を一時払うと、財産がその分、減ります。亡くなるとほぼ同額の1500万円が保険金として入ります。しかし、非課税枠が1500万円なら、結局、課税されるのは0円となります。

別の契約パターンとして、贈与の一環として、子どもがお父さんに掛けることもあります。このケースでは保険金を受け取ったときは相続税ではなく、所得税（一時所得）となります。

子どもが掛けて、子どもが受け取った…自分自身で完結しているからです。先のお父さんが掛けて、子どもが受け取ったときは、親子間で財産が動き、しかも相続で受け取るので相続税がかかるわけです。

「家族信託」・「遺言書」・「贈与」と進んだら次ページ❷も参照して、生命保険の見直し（契約関係）をお勧めします。なかにはまったく無駄な契約が見つかることもあります。

❷ 生命保険の最大の効果は争い防止策になること!

生命保険は保険金が入ってきて、納税資金になるだけではありません。最も重要な役割は、争いの防止策になることです。

一般的な家庭で多いのが、親の自宅と僅かな預金というのが多いのです。自宅は共有にすると問題が起きるので、一人が相続すると、残った僅かな預金では、他の相続人の相続できる額が極端に少なくなります。

配偶者がいれば、自宅は当然、配偶者のものになり、しかも独り身になったのでお金も必要となるのですが、他の相続人に不満が出やすくなります。

子どもたちにも配偶者がいる場合、その人の意見を無視することはできません。それぞれが独自の生活を送っています。昔と異なり「家」の意識も希薄となるなか、生活費にローンも抱え、教育費もかかる…「仲良し家族」が崩壊しやすい瞬間です。

「自宅を売って分けてほしい」とか、「母さんは独り身だから大きい家よりアパートの方がいい」とか。残念ながら、昔ならおよそ考えられない言葉が出てくるものです。

そんなとき、自宅を相続する配偶者なり長男に、父が掛けていた生命保険金が、入ってくると、まさに天の慈雨です。

ここで重要なのは、**生命保険金は遺産分割の対象とならない財産**だということです。

つまり、生命保険金はお父さんの遺産ではなく、生命保険会社から、受取人に直接入金されたものなので、遺産分割をめぐって、相続人の間で分け合うことを話し合う必要のない財産なのです（**しかし、相続税のうえでは生命保険金は、課税される対象となります**）。

ですから、たとえば、相続人が配偶者と子ども一人として、自宅（１５００万円）を相続して、父の預金（５００万円）では、配偶者も今後の生活がありますから、子どもに分ける財源がないときに、生命保険金（１０００万円）を受け取った配偶者は（その生命保険金は受取人が自由に使えるので）１０００万円を子ども、つまり**他の相続人に相続財産の代わりとして渡してあげられる**のです（**代償分割**といいます）。

これで親子とも円満で「仲良し家族」のままでいられます。注意点は、あくまで代償ですから、代償金は、相続した額（配偶者は自宅と預金２０００万円を相続しました）以下であることです。

9 「住宅資金非課税贈与」で争いの種？

❶ 不平等な贈与になりがちなので気をつける

3番目の**「住宅資金非課税贈与」**は、子どもや孫が家を建てるときに使われていますが、**節税の恩典だけに目を奪われない**注意が必要です。まず、それをお話しします。

> **相続税法**のうえでは、贈与額は**相続財産に加算しないが、**
> **民法（遺産分割）**のうえでは、**「特別受益」を考慮しなければならない。**

非課税贈与は、極端な話、贈与を受けた人が黙っていればわかりません。しかし、後からわかってしまうことがあります。それは、税理士が相続税申告のために、あるいは税務署が調査に応えるために、過去の預金の動きを辿ると少なからずあぶり出されるのです。

その結果、**相続財産でないことを立証するために、非課税贈与をしたことを明らかにしないといけなくなります。**

そのプロセスで、他の相続人に**「なに！　お前そんなにもらっていたのか」**とわかると、**それが遺留分の計算に影響を及ぼし、争族に発展**しかねません。

いわば玉突き的に、事実が後から判明すると、信頼感を失うことにもなるのです。

贈与するときに、他の家族にもいくら贈与したのかを明らかにすれば公明正大でよさそうですが、実際にはなかなか言いづらいものです。

その点、**「暦年贈与」は、公明正大にやりやすいものです。お盆に皆が集まった折に、「今年も、孫たち一人ひとりに〇〇万円の贈与をするぞ！」と言えばOKです。**これと並行して、フランクな家族関係があるかどうかも影響してきます（164ページ参照）。

子どもが一人だけなら問題ありません。また、複数いても、他家に嫁いで悠々自適で、住宅資金の贈与など必要がないのであれば、息子の方に贈与してもよいかもしれません。

しかし、嫁いだ娘だって、お金はいくらあっても困りませんから、非課税かどうかなんて関係なく「いいなぁ～、お兄ちゃんだけ」となるかもしれません。

❷「住宅資金非課税贈与」で他の節税が使えなくなることも

「住宅資金非課税贈与」を使って、**子どもが持ち家となった場合は、実家を相続するときに、実家の土地は8割引きの評価で相続できるという「小規模宅地の特例」が使えなくなります**（193ページ参照）。

たとえば、実家土地の評価が3000万円ならその8割は2400万円。相続税の実効税率が20％なら480万円の節税が使えなくなる。「住宅資金非課税贈与」で贈与税0で1000万円の相続財産を減らした効果は、実効税率20％なら、200万円にしかならないのでよく考えないといけません。

もちろん、相続前に実家を売ってしまい、8割引きを受ける必要もないなど様々な条件で変わってきます。実家の売却になるのかなど、未来はなかなか見通せませんが、可能性は考えておかなければなりません。

❸「住宅資金非課税贈与」はデメリットを自覚のうえで検討する

父母や祖父母などの直系尊属から住宅取得等資金の贈与を受けた子や孫が、**翌年3月15**

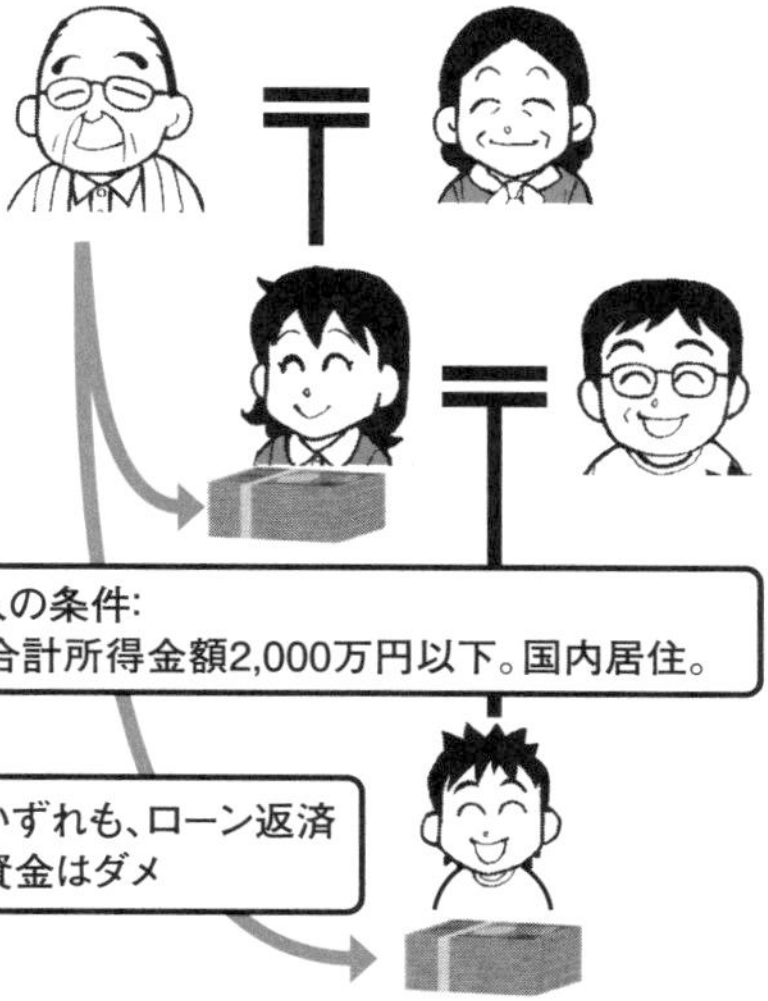
もらう人の条件:
成年。合計所得金額2,000万円以下。国内居住。
いずれも、ローン返済資金はダメ

日までにその資金で自分の居住用の**家屋の新築**を**取得**や**増改築等**をし、同日までに**自分が住むか、住むことが確実**なときは、住宅取得等資金のうち**一般住宅なら500万円、省エネ等優良住宅については1000万円について贈与税が非課税**となります。

住宅や改築などには細かい条件があります。次にその一部を示します。

床面積：40㎡～240㎡以下・中古は築20年以内（耐火は25年以内）・増改築は省エネ・バリアフリー改修工事であることなど。

10 生活費はそもそも非課税です

❶ 「教育資金非課税贈与」や「結婚子育て資金非課税贈与」は使わなくても

「住宅資金非課税贈与」が特別受益になって、後に争いの種になる可能性については、4番目の**「教育資金非課税贈与」**や5番目の**「結婚子育資金非課税贈与」**にも共通します。

しかも、まもなく終了の予定ですし、年々使い難くなり、使わなかった部分は、結局のところ相続財産に加算しないとなりません。

何より、銀行に信託口座を作らなければならず、**その都度非課税の証明が必要で、面倒です。**

また、贈与した瞬間だけは感謝されるものの、子孫は銀行に通うだけなのであまり感謝されません。

そんなことをするよりも、生活費として教育資金や結婚子育てで必要の都度、実費を親や祖父母が出してやれば、贈与税は非課税ですし、相続財産に加算する心配もありません。その都度、あげるので子どもの顔も見られるし、感謝もされやすくなります。元々、贈与はそれを期待するものではありませんが、やはりそこはね。

生活費とは何か？　食費・衣服費・水道光熱費・教育費・通信費など、生計を共にしていればかかる、文字通り生活費です。

生計を共にしていなくても、たとえば祖父母とは別居していて、孫に大学の授業料を払ってあげるとか、孫娘が結婚するので費用を負担してあげるとか…通常行われる金額であれば、そもそも非課税です。ただし「必要な都度」支払うものに限ります。

それでは**「通常」とはどのくらいか？**　これは家庭によって異なります。それだけに、税務調査でも時折問題になるグレーゾーンです。要は、その家にとって、ずっとその生活を続けて家庭が回っていれば、それが通常の生活費ですから、その範囲で子どもを外食させようが、大学に入れようが、すべて非課税です。

11 「おしどり贈与」は功罪があります

❶ 「おしどり贈与」は富裕層向け

一見よさそうと、誤解して損をしている人が多いのでお話ししておかなければならない特例です。6番目の贈与である「贈与税の配偶者控除」、通称「おしどり贈与」の特例は一度に居住用財産を2000万円分、無税で贈与できるものです。この甘い宣伝文句(?・)に多くの人が騙されるのです。

別にコストがかかることや、相続税の特例を受けた方が得なことが多いのです。「おしどり贈与」の効果が得られる人は、相当の財産を持つ限られた人と考えて、**庶民は慎重に。**

結婚期間が20年以上の夫婦の間の贈与に一度だけ使えます。居住用の不動産かそれを取得するための金銭の贈与したときに、最高2000万円まで控除できます。贈与税の基礎控除110万円と合計で、2110万円までできます。

❷ 「おしどり贈与」のメリット

〈1〉 財産を配偶者に分けて相続税を減らすことができる。

しかし、次ページのデメリットの〈1〉を使えばそれ以上に効果があることが多い。

〈2〉 相続の直前の贈与でも相続財産を減らすことができる。

通常は相続開始前の贈与は、相続財産に足さなければなりません。しかし、おしどり贈与の特例では、それがありません。病気などで近く相続が発生しそうなときでも駆け込みで財産を減らせます。

〈3〉 最後に自宅を売るつもりの人は3000万円控除がダブルで使える。

おしどり贈与で**自宅の半分を配偶者に贈与**し、しばらく住み、最期は家を売って子どもたちに現金で渡すと、マイホームを売るときには、「3000万円の特別控除の特例」があります。

３０００万円控除は夫婦それぞれで使えますから、６０００万円まで課税されないのです。やっぱりこれは富裕層向けですね。庶民では一人の名義の家でも３０００万円も引けばほとんどのケースで無税でしょう。

〈4〉 自分名義になれば相続でもめても家から追い出されずに済む。

おしどり贈与で自宅の持ち分を持っておけば、自宅に住む権利を主張できます。しかし、改正民法で「配偶者居住権」が創設され自宅に住み続けることができる「長期配偶者居住権」ができ、配偶者が死ぬまで自宅に住めるようになりました。**遺言等で居住権を設定する旨を書いておくだけで**ＯＫですから安くできます。

❸ 「おしどり贈与」のデメリット

〈1〉 おしどり贈与より相続時の「配偶者の税額軽減」の方がお得。

相続では「配偶者の税額軽減」があります。配偶者が相続で財産を取得すれば、１億６千万円か配偶者の法定相続分に相当する金額の２つの金額のうち大きい金額まで相続税がかからないのです（１８３ページ参照）。

〈2〉不動産取得税、登録免許税等のコストがかかる。

おしどり贈与の手続きにかかるコストは3つです。不動産取得税・登録免許税・税理士や司法書士への報酬で合計100万円ほどです。

不動産取得税は登記するかしないかにかかわらず不動産の固定資産税評価額×4%もかかります。ただし、相続なら不要です。

登録免許税は、不動産の登記の際の税金です。贈与のときには不動産の2%が登録免許税の税額になるのに対し、相続のときには0・4%で済みます。

〈3〉配偶者しか相続人がいないと「おしどり贈与」が無駄になるかも？

配偶者しか相続人がいないケースでは注意が必要です。せっかく贈与したのに、贈与を受けた人が先に亡くなると贈与した家が、贈与をした人に相続でまた戻ってきてしまい、せっかくコストをかけて「おしどり贈与」をした意味がなくなってしまいます。

12 孫への贈与は効果絶大！

子どもの世代で相続税が課税される
孫への贈与なら、一代飛ばしできる
贈与額を相続財産に加算する対象にもならない

❶ 一世代飛ばしになり、相続財産加算なし

孫への贈与は、一般的に次の2つのメリットがあります。

(1) 子に贈与すると子の相続のときに課税されてしまうが、孫に贈与すると相続税の課税を**一世代飛ばすことができる。**

(2) **孫への贈与は相続財産に加算されません。**なぜなら、**孫は相続人ではない**からです。

たとえば、孫5人のそれぞれに、毎年500万円、3年間贈与すると、7500万円が相続財産に加算されずに、一世代飛ばしできてしまうのです。

❷ 孫への贈与で相続財産に加算・相続税の2割加算になるケース

ただし、次のケースでは相続財産に加算と相続税の2割加算になります。

(1) 孫が祖父母の法定相続人になる場合

祖父母が孫と養子縁組したケース（孫養子）は、孫を子として取り扱うため加算の対象となります。しかし、**法定相続人が一人増える**という節税にはなります。それでも**相続税を2割加算**という規定が適用されるので、それらのデメリットを超える算段が必要です。

また、**祖父母の相続前に子（孫の父母）が亡くなっているケース**は、孫が子（孫の父母）の代わりに相続するので（代襲相続）相続財産に加算する対象となります。

(2) 相続時精算課税贈与をした場合

相続時精算課税贈与は、**令和6年以降の基礎控除以上の贈与は**すべて相続財産に加算されるので、その相続税の2割加算もされてしまいます。

家族信託のあとにエンディングノートでフォロー！

第6章

相続税の計算

1 簡単な計算の流れ

下図の標準的家族のケースで計算してみましょう。

相続時の遺産は…**自宅の8割引きをした後の財産の評価額**は7400万円でした。しかし、**相続前3年間に**2人の子どもに毎年1000万円を**贈与していました。贈与の合計は2人で6000万円**ですから、**遺産の合計は8000万円**です。

次に**基礎控除は**　3000万円+600万円×3人（相続人の数）=**4800万円**

これに基づいて、次ページの図のように計算します。

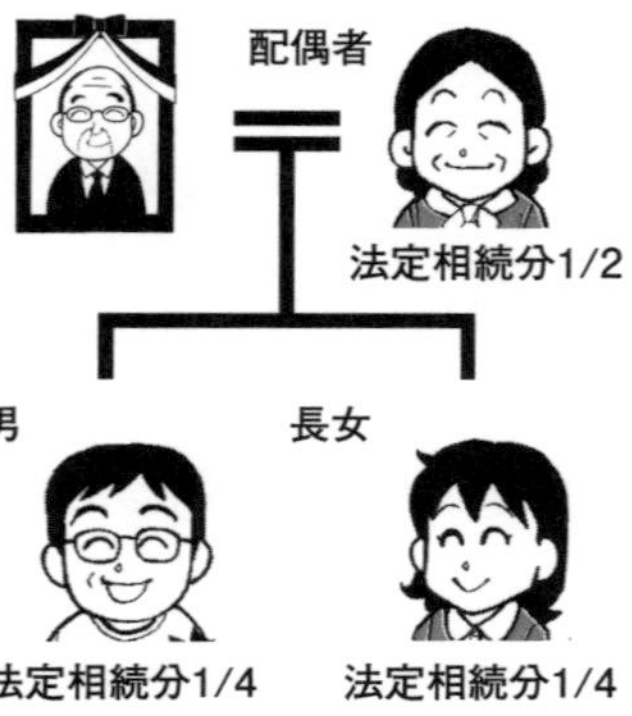

相続税の計算方法

課税対象額　遺産評価額 8,000万円－基礎控除額 4,800万円＝3,200万円

①この3,200万円を、法定相続分で分けたと仮定して税額の総額を出す

配偶者　3,200万円×1/2＝1,600万円…この税率は次ページ表2行目を使い…
1,600万円×15%－50万円＝190万円

長　男　3,200万円×1/4＝800万円…この税率は次ページ表1行目を使い…
800万円×10%＝80万円

長　女　**長男と同じ計算ですから税額は80万円**

→ **350万円**

②相続税の総額（350万円）を各人の実際に取得した財産の割合で分ける

配偶者は実際には8,000万円のうち、4分の3を取得しました

350万円×3/4＝262.5万円…ですが配偶者軽減で全額控除され0円

子どもは実際には8,000万円のうち、8分の1を取得しました

長男と長女はそれぞれ350万円×1/8＝437,500円（2人で875,000円）

相続税の計算の特徴的なところは、上図の**①で**、実際の相続額はさておき、各相続人が法定相続分に従って**分けたと仮定して**、相続税の計算をし、それを合計し、右の例では３５０万円の相続税の総額を計算するところにあります。

そのうえで**②で**、各人が**実際に取得した財産の割合で、３５０万円を分担する**のです。

ところが、「配偶者軽減」で最低でも１億６０００万円までの取得財産は全額控

相続税の速算表

法定相続分で仮に取得した金額	税率	控除額
1,000万円以下	10%	—
3,000万円以下	15%	50万円
5,000万円以下	20%	200万円
1億円以下	30%	700万円
2億円以下	40%	1,700万円
3億円以下	45%	2,700万円
6億円以下	50%	4,200万円
6億円超	55%	7,200万円

除されるため、このケースでは8000万円なので0円となり、結果的に子どもたちの合計87・5万円だけです。このように、①の法定相続分で計算後、②で実際の取得額で分担額を計算すると大幅に変わることがあります。

②で、①と同様に、**法定相続分と同じ割合で取得しても**、「配偶者の税額軽減」は適用されますから、このケースでは、次ページの図の「配偶者+子2人」と「8000万円」が交わった部分をみると、175万円になります。

同表の右側の**「子どもだけが相続」の部分は、次に母が亡くなったときの二次相続では配偶者がいませんから、いきなり高くなり470万円です**。二次相続では税額が増えて大変だということがわかります（200ページ参照）。

これが、一番簡単な計算例です。**実際には、前ページの計算の1行目の「遺産評価額8000万円」を計算するまでが面倒**なのです。

家族構成と財産の違い（法定相続分で分けたケース）

（単位:円）

基礎控除前の遺産額	配偶者＋子1人	配偶者＋子2人	配偶者＋子3人	子どもだけが相続		
				子1人	子2人	子3人
5,000万	40万	10万	0	160万	80万	20万
8,000万	235万	175万	138万	680万	470万	330万
1億	385万	315万	262万	1,220万	770万	630万
1.5億	920万	747万	665万	2,860万	1,840万	1,440万

まずは財産として、何がどこにあるかを調べるのが暗中模索といえるほど大変です。

幸いなことに、あなたは、「家族信託」で概要がわかっているので「シンプル相続」に向かえます。「仲良し家族」だからこそできることです。

しかし、**仲がよくても、悪気なくミスしてしまうことがあります。**

それが、贈与したつもりで、「これは10年前に父からもらったから父の遺産じゃない」と集計しなかった「名義預金」を筆頭にいろいろあります。

ここまで、一般的に漏れそうな財産についてお話ししてきました。まだまだありますので、順次お話ししてまいります。

2 財産を知る…中心は既に家族信託でつかんでいる

❶ 財産をざっと知る

実際に相続になったときには、これらは税理士が調べ評価しますから、詳細なことをいま知る必要はありません。

あなたがすべきことは、親の生前に、「家族信託」で、親の財産凍結を防ぐことに始まって、今までお話ししてきた内容をもって、**親をサポートするなかで、ついでに財産概要を知ることです。**

いきなり相続を迎えると、10か月で申告や遺産分割ですから、もぉ～大変なのです。平時に、「家族信託」だけは急いで、その他はぼつぼつと始めていくのです。

「家族信託」では、信託にする自宅だけでしたが、相続税の計算ではすべてを調べることが必要になります。「家族信託」のときから190ページの表のように、表計算ソフト「エクセル」で集計します。実際には、不動産も預金もいくつもあるものです。**生前に整理して、預金は3口座程度に、不動産などは、なるべく現金化**しておくなど、財産の組み換え・整理をする一覧表とし、親にインタビューしながら、穴埋めしていくのです。すると、何が不足している情報かがわかります。

盆暮れに実家に帰ったときなど、折々に親子の会話のなかで聞いていくのです。

重要なのは、どこに何があるかです。

金額は、**まだ相続が起きているのではないので、何十万円単位で**結構です。わからなくても結構です。買ったときの金額でもよいので、「エイヤー」とだいたいの金額を記入します。

次のページから、中心となる不動産の評価の方法をお話しします。

財産の一覧表を作成してみる

財産の種類	評価方法など	金額	問い合わせ先等
土地・田畑・山林	路線価か倍率で	****	国税庁等
建物・マンション	固定資産税評価	****	市役所等
預貯金・有価証券	利息や配当も	****	銀行・証券会社
ネットバンク		****	ネットBK
株式・中小企業は難解	時価・純資産額等	****	証券会社/税理士
貴金属・絵画	時価(取引価額)	****	外商で調べる
生命保険・同権利	解約返戻金	****	保険会社
車・ヨット・庭園	時価(取引価額)	****	業者で調べる
特許・著作権	時価(取引価額)	****	税理士等で
老人ホーム戻り金	契約書に計算方法	****	老人ホーム
海外資産	時価円換算	****	税理士等で
その他家財一式	中古の取引価額	20万	通常このくらいか
小計		****	
銀行借入	住宅ローンは0に		銀行
クレジットカード未払			カード会社
治療費			病院
未払い税金			固定資産税等
小計		****	
差し引き計		****	▲なら放棄検討

❷ 土地の評価

国税庁のホームページで「路線価」を検索し、日本地図が表示されたら、該当する都道府県をクリックします。次に、**「路線価図」**をクリックし、後は住所に従って、絞り込んでいきます。

すると、一本一本の道路に左図のような記号がついています。

これが路線価です。この土地は…

土地の評価を推定してみる

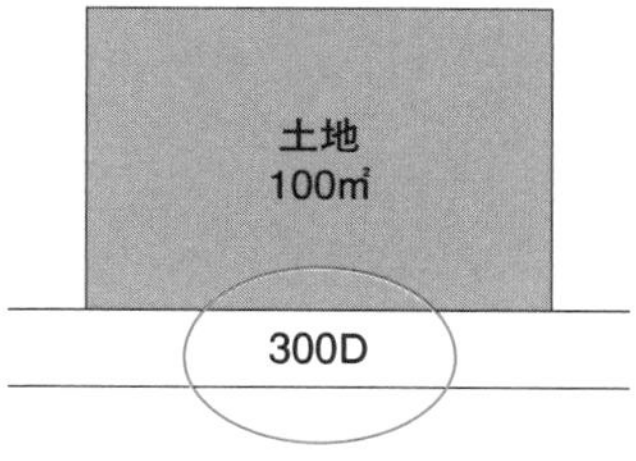

これが路線価

３００とは、１㎡３００千円、つまり30万円です。この土地が１００㎡あるなら、30万円×１００㎡＝３０００万円です。

Dは借地権割合で、この土地を借りているときは、別の表からDは60％で評価することになります。

また**「全国地価マップ」のサイト**では、住所で一発検索できて便利です。

土地は一つとして同じものはありません。鰻の寝床のような土地は、奥行きが長いので、上図のような正方形の土地より評価が下がります。

また、角地《かどち》は両面から利用ができるので評価が高くなります。

その他、崖に建っていたり、段差があったり、道路に面していなかったりと様々ですので正式には税理士に任せることになります。

田舎の土地は、路線価がありません。このときは、同じく国税庁のホームページの**「評価倍率表」**の「一般の土地等用」をクリックし、後は住所に従って、その土地に適用する倍率を求めます。

その倍率を「固定資産税の通知書」に評価額に掛けます。たとえば、倍率が1・1倍とあれば、固定資産税評価額の1・1倍が評価額になります。

なお、**自宅の土地の部分だけについては、次ページに紹介する8割引き**があります。

❸ 建物の評価

建物は簡単です。先ほどの**「固定資産税評価」**で評価します。借家のケースは細かい計算がありますが、概算では半額と考えましょう。

❹ 自宅の土地の評価は8割引きになる

100坪までは8割引き…つまり2割で評価する

相続の直前に、亡くなった方の配偶者または、同居もしくは生計を一にしていた親族が、亡くなった方の居住していた宅地に引き続き住むときは、下表の区分で土地の**80〜50%の評価減**ができます。

また、別居していても持ち家のない子どもが受ける選択もあります。**要件が複雑ですが節税効果が高い**です。

「居住用」が最も使われます。アパート経営や事業経営のケースでは、一定条件で**重複適用も**できます。

これらの要件は、専門家でも難しい面がありますので、素人判断ができませんのでご注意ください。

	用途	最大面積	割引割合
事業用地	事業用	400㎡	▲80%
	同族会社事業用		
居住用地	**居住用**	**330㎡**	**▲80%**
不動産貸付用地		200㎡	▲50%

住居形態の4パターン

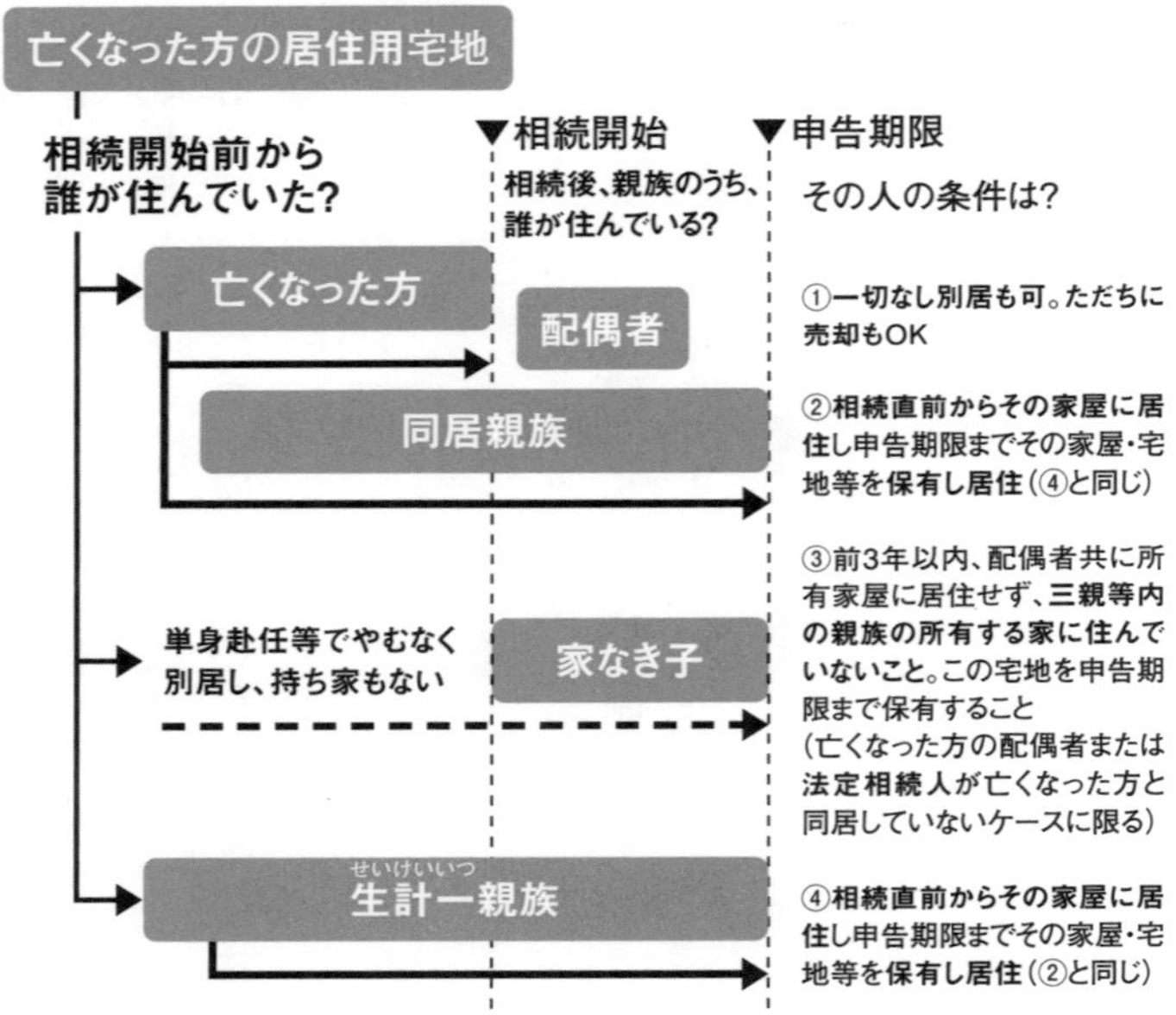

❺ 要件は複雑。ミス・嘘の申告も多い

普通の家庭では、上の表の4パターンで、それぞれ「条件」があります。一番簡単なのが、①の配偶者です。配偶者は一切の条件がなく、実家を相続すれば、この特例が受けられます。

次に②「同居している親族」が実家を相続すると、まずは、「相続直前から実家に居住している」という条件が必要になります。この辺りから、実際の申告のときに納税者の嘘が多くなってきます。なにせ8割引きになるか否かですから、ついつい嘘が出てしまうようです。

「直前同居」は本当か？

前ページの図の**「同居親族」**と**「生計一親族《せいけいいっしんぞく》」の要件は、「亡くなる直前に同居していた」**ことです。そこで、当然こんな質問がよく出ます。

「亡くなる直前って？　当日でもよいのでしょうか？」

「本当に、引っ越しして同居を始めた途端に親が事故で亡くなったのなら問題ないでしょうね」と私は答えます。するとすかさず、

「危篤の知らせがきたので、同居を決意し、荷物は後からで、とりあえず身一つで駆け付けて寝起きし、看病をしていたら亡くなったんです」

「それが、本当なら、問題ないでしょうが、きっと疑われますよね」

こういうのを、税務調査での「事実の認定」と言います。真実を証明できるかどうかにかかっています。多くのケースで、親の不幸時に、証拠作りをしながら引っ越しをするなんて冷静なことはできません。ちなみに、**「住民票を移した」は何の証拠にもなりません。実態が問題**になるのです。

「生計が一緒だった」は本当か？

広い敷地の離れに子ども夫婦が住むよくある例で、「生計が一」か否かで、8割引きが受けられたり受けられなかったりします。

離れの土地と家は、父のものです。そんなとき、父が亡くなれば、母屋は母が相続し、子どもは離れの土地を相続するのが、自然な流れでしょうね。

さて、このとき、配偶者は無条件に8割引きが受けられますが、子どもは、同居していなくても、「生計一」であれば、子どもも8割引きを受けられる可能性がでてきます。通常は、離れに住む子どもとは生計は別であることが多いでしょう。食事も風呂も別、当然家計費も別ですね。すると「生計は別」なので8割引きが受けられません。

しかし、「いや、父が生きているときは、生計は一緒だった」と言われると、その立証は困難を極めます。当然、税務調査で、近所の聞き込みや水道光熱費の使用状況なども調べられて、嘘がばれて多額の追徴税を取られることがあります。

税務署は、こんな調査ができますが、税理士はそれができないので非常に難しいのです。

【参考】「生計が一」とは？

「生計が一」とは、**収入や生活を共にしている**状態をいいます。しかし、**必ずしも同一の家屋に起居していることをいうものではありません。次のような場合には、生計を一にする**とされます。

(一)　勤務、修学、療養等の都合上他の親族と日常の起居を共にしていない親族がいても、次に掲げるケースのときは、これらの親族は生計を一にするものとします。

(イ)　当該他の親族と日常の起居を共にしていない親族が、勤務、修学等の余暇には、当該他の親族のもとで起居を共にすることを常例としているケース

(ロ)　これらの親族間において、常に生活費、学資金、療養費等の送金が行われているケース

(二)　親族が同一の家屋に起居しているケースでは、明らかに互いに独立した生活を営んでいると認められるケースを除き、これらの親族は生計を一にするものとします。

❻ 適用ノウハウ

前ページの離れなどの不動産があるようなケースや、親の土地のうえで子どもが事業をしているケースなどでは、二次相続までを考えて、子どもの方で8割引きを受けて、**配偶者はこの評価減を受けずに、他の相続人が受けるのが得策**です。

また、**適用を受けた人だけが得**をしますから分割協議で話し合っておく必要があります。

❼ 老人ホーム入居で自宅が空き家でも8割引きが可能

老人ホームに入居しようとするものの、その不足は甚だしく、やむなく**「終身利用権」を取得するタイプの老人ホームに入**らざるを得ないことが多くなっています。

老人ホームの**「終身利用権」ということは、「終《つい》の棲《すみ》家《か》」**で、自宅の方は居住用ではなくなるため、以前は8割引きが受けられませんでした。

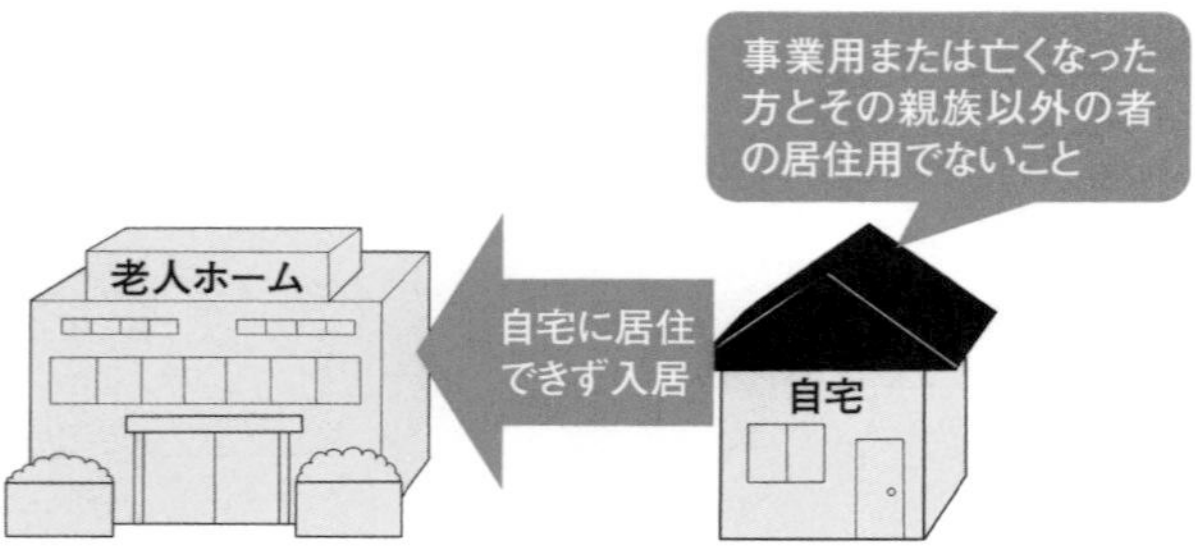

しかし、他人に貸したりしなければ、**つまり空き家であれば、8割引きが受けられるように改正されました。**

❽ 実家を売却したときの譲渡所得の3000万円控除

老人ホームに入居して空き家になった実家をそのまま相続すれば、「小規模宅地の特例」の要件を満たせば、前頁のように8割引きで評価されます。

さらに、相続した実家を所定の要件のもと、譲渡して、譲渡益が出ても、譲渡益から3000万円の控除が受けられますから、**通常は、豪邸ではない限り譲渡所得税はかからないでしょう。**

この3000万円の控除は、**相続以前に老人ホームに入居後、生前に実家を売っても適用があります。だから、通常は、譲渡金額を入居一時金にあてられる**わけです。

3 二次相続までを考えてトータル節税を

186ページでお話ししたように二次相続では配偶者はいませんので、税額がいきなり高くなります。親夫婦の年齢差はあまりないので、多くのケースで二次相続までの期間は短いため計算が比較的容易です。

ポイント❶は「暦年贈与」を早期に使うこと。つまり親から子への贈与を進めること。
ポイント❷は「小規模宅地の8割引き」を配偶者が使わないこと。

それはなぜか？　常識的に考えると、一次相続で配偶者が住んでいる自宅について無条件に適用できる配偶者が8割引きを受けてしまいます。これがダメなのです。

8割引きを受けても受けなくても、どっちみち「配偶者の税額軽減」で、配偶者の税額

はほとんどのケースでゼロになるのです。

「小規模宅地の8割引き」は面積制限がありますから、それを配偶者が使うのではなく、198ページの❻のように、子どもが「小規模宅地の8割引き」を使えるように、**生前から財産の組み換えをしておく**のです。

一次相続で、「配偶者の税額軽減」でほとんど税金がかからないといって、配偶者に相続させると、**二次相続で配偶者が以前から持っていた財産とを合わせて相続税が大きくかかってくるから**です。可能な限り子どもが相続します。

最近では、配偶者が自分自身の財産を持っていることが多くなりました。嫁入り持参金や年金が溜まり続けていて、その多さに驚くことがあります。だから、**家族信託のときから夫婦2人の財産を調べておく**のです。これが「事前相続」極意の一つ、すなわち本番の準備です。

しかし**残念なことに、**二次相続の際に、前回の申告書を拝見すると、8割引きをすべて配偶者で受けている実例がいかに多いことか。お客様も、どのみち、8割引きを受けるか否かに関係なく配偶者は税金がかからないので、そのときには損に気づかないのです。

家族信託なら遺産分割でモメる可能性を減らせる

実家とそれを管理するための預金を家族信託にしておくと
とりあえずは財産凍結で困らないし
相続でもめる可能性は相当減るでしょう
相続対策のセミナー会場で
それでも納得しない相続人が出てきたらどうしよう
そのときは改めて信託とは異なる分け方を決めたらどうかな？
家族信託をするときに家族全員で話し合えばいいんじゃないかな？
それは理想ですね
先はどうなるかわからない
だから「親の生前の介護のために」ということで
最低限の契約をしておくのです

第7章

死後の〝面倒な手続き〟も心配なく

1 死に目に会えなくても大丈夫！

死に目に会えないことは不幸だという思い込みを拭い去らなければなりません。

日本では、多くの人が「死に目」に会うことが大切だと誤解しています。「霊柩車や葬列を見たら親指を隠せ！　親の死に目に会えなくなる」とか「夜爪を切ると親の死に目に会えない」という迷信を小さい頃から親に言われ続けていつの間にかそう信じ込んでいます。それが、人を不幸にしているのです。

だから、ご家族が臨終に立ち会おうとして片時も離れずに見守り、息を引き取る瞬間を見届けようと頑張ってしまいます。

あなたが仕事で忙しいからだけではありません。**昔とは働き方も異なって、海外にいることすらあります。親子の別居も当然のようになりました。**

コロナ禍で面会すらできないまま亡くなることもあります。それらは、仕方がないことです。あなたがひとりで傷つくことではありません。死に目に会えないことは不幸ではないと、まずは心に留めて、あなた自身の**グリーフ（悲嘆）ケア**にあたってください。

「亡くなるときに一番大切なのは、その瞬間を見届けることではなく、本人が楽に逝けること」です。

亡くなったら、故人に特に遺志がない限りは、下手に家族葬などにして一般の方の弔《とむら》いの機会を奪わないことです。あなた自身の後悔になることがあります。別れの「時」を大切にしてください。

私の父母のときは、やはり死に目に立ち会っていません。共に「本日の未明に…」などの電話があって、学校や仕事を放り出して駆けつけるしかありませんでした。ごく普通に、葬儀を葬儀社に促されるようにしましたが、何の後悔もしていません。

2 直後の手続きは知らなくても大丈夫！

（1）直前、直後の心構え

医師からもらった「死亡診断書」は、直ぐにコンビニに走ってコピーを5部取る。死亡直後はこれだけの知識で十分です。

手続きを早くし過ぎないことも大切です。「銀行に知らせないと！」という方が多いのですが、**逆に銀行には、すぐには知らせません。銀行では知った後、直ちに預金凍結します。**するとすべての支払いがストップされますから、公共料金・クレジットカード・借入金返済・携帯電話など引き落としできなかった分を振り込まなければなりません。

葬儀が終わってから、ゆるゆると口座変更の手続きをすればよいのです。もちろん、連

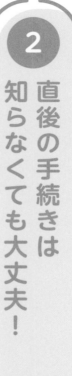

絡の前に銀行が死亡を知れば、預金凍結されてしまいます。

義父の経験では、数か月後に年金の支払いが止まったことから銀行が知ることになり、そこで預金凍結になりましたが、罰金も何もありませんでした。

家賃収入などの収入があるケースでは、口座凍結で入金できなくなるのも困りものです。**借主には早めに新規口座をお知らせする**ことです。

亡くなる直前・直後の預金引き出しは、様々な問題を引き起こすことがあります。
特に、後でお話しする**「相続放棄できなくなる」のが最も大変**です。亡くなった後に、故人の財産を使うと、相続放棄せずに相続したお金で支払ったとされるからです。
また、ドタバタのなかで、勝手に使ったとして、相続人の間でもめることもあります。どうしても引き出さなければならないときは、領収書としっかり合わせることです。
戸籍謄本も早く取得すると死亡が反映されますから、通常は10日たってから取り寄せます。

葬儀の前後のことは、火葬の手続きなどもありますが、「死亡診断書」さえあれば、葬儀社や病院からご家族宛てに**案内と指導がきます**。そうしないと**彼らが困るので、こちらがボォ〜としていても代行してくれるのです**。**放置しておけば、自動的にというほど片づきます。なにかと忙しいあなたがやるべきことではありません。**

ものの本に詳しく書いてあったとしても、当事者として、それを読んでいる暇はないほどに、**ベルトコンベア式にスムーズに進みます。**

エンディングノートに故人の希望として、菩提寺・葬儀の希望が書いてあれば役立つこともありますが、かえって迷惑なこともあります。もっとも助かるのは葬儀に呼びたい友人などのリストです。

これらも家族信託をした後のフォローとして書いてあれば、あわてることもありません。

少なくとも、葬儀進行であれこれ悩む必要はありません。費用が多少高くなったっていいじゃないですか。葬儀費用を安くすることが大切なのではありません。事前に葬儀社を選んでいなくても大丈夫です。

そんな準備をするより生前の「家族信託」など、物心両面の準備にシフトしておいてください。

葬儀の**料金もいろいろあるでしょうが、生前の認知症対策ができなかったことや、老人ホームの検討に比べればたいしたことではありません。**

私はこれまで何件もの葬儀をしてきましたが、一切準備なしで、特段に困ったことも、損したこともありません。

葬儀社がぼっているわけではありません。持ちつ持たれつなのです。葬式関係者は、誰もがやりたいという仕事ではない葬儀にかかわる仕事を引き受けて社会に役立っている方々です。

そう、なくてはならない方々（エッセンシャル・ワーカー）です。お互い様なのです。おおむね納得のいく、それこそ、払える額なら「弔いを汚してはいけない」私はそう考えて気持ちよく感謝しながら心づけと思って払っています。

これも**世の中を円滑に回すための贈与**なのです。

(2) 葬儀後…10日前後　相続手続きが同時に進められ時間短縮できる

戸籍謄本は早過ぎると死亡が反映されませんから、通常は10日たってから取り寄せます。**戸籍書類を取り寄せたら「法定相続情報証明制度」を利用**することをお勧めします。

取り寄せた戸籍書類は分厚くなるものです。何千円にもなることもあるので、通常は1通取り寄せ、銀行口座の名義変更も何行もあると、その都度提出して、返却を待って次の銀行…となって面倒です。

そんなときに、最初の1セットを取得したら、法定相続人の関係図を作って、これを法務局に提出すると（税理士等の専門家に依頼することもできます）、確認のうえ、証明書としての相続人の一覧表を**何通でも無料**で作ってくれます。

すると、銀行の他にも、相続税の申告にも、登記変更の法務局にも、証明書の1枚を添付するだけOKなのです。

各種の相続手続きへの利用
(戸籍の束の代わりに各種手続において提出することが可能に)

・この制度は、戸籍の束に代替し得るオプションを追加するものであり、これまでどおり戸籍の束で相続手続きを行うことを妨げるものではない。
・放棄や遺産分割協議の書類は別途必要

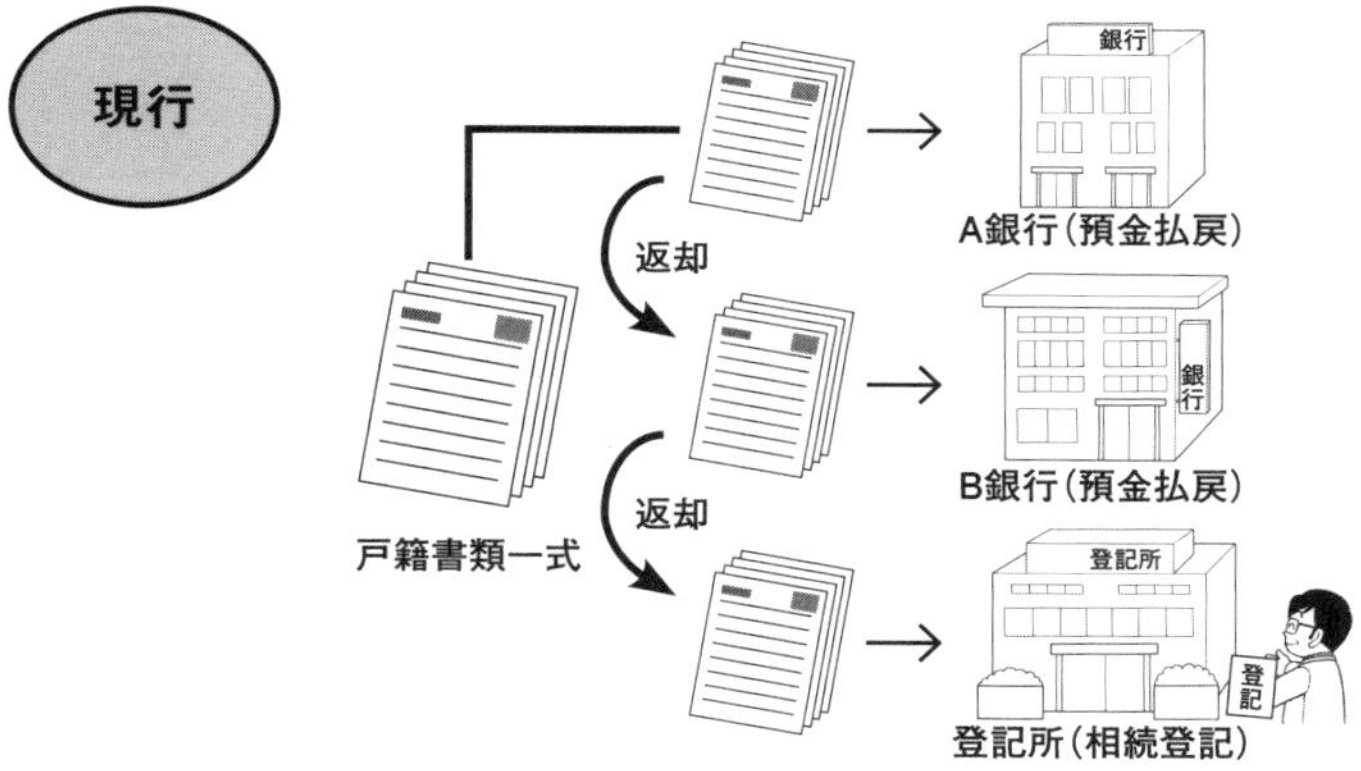

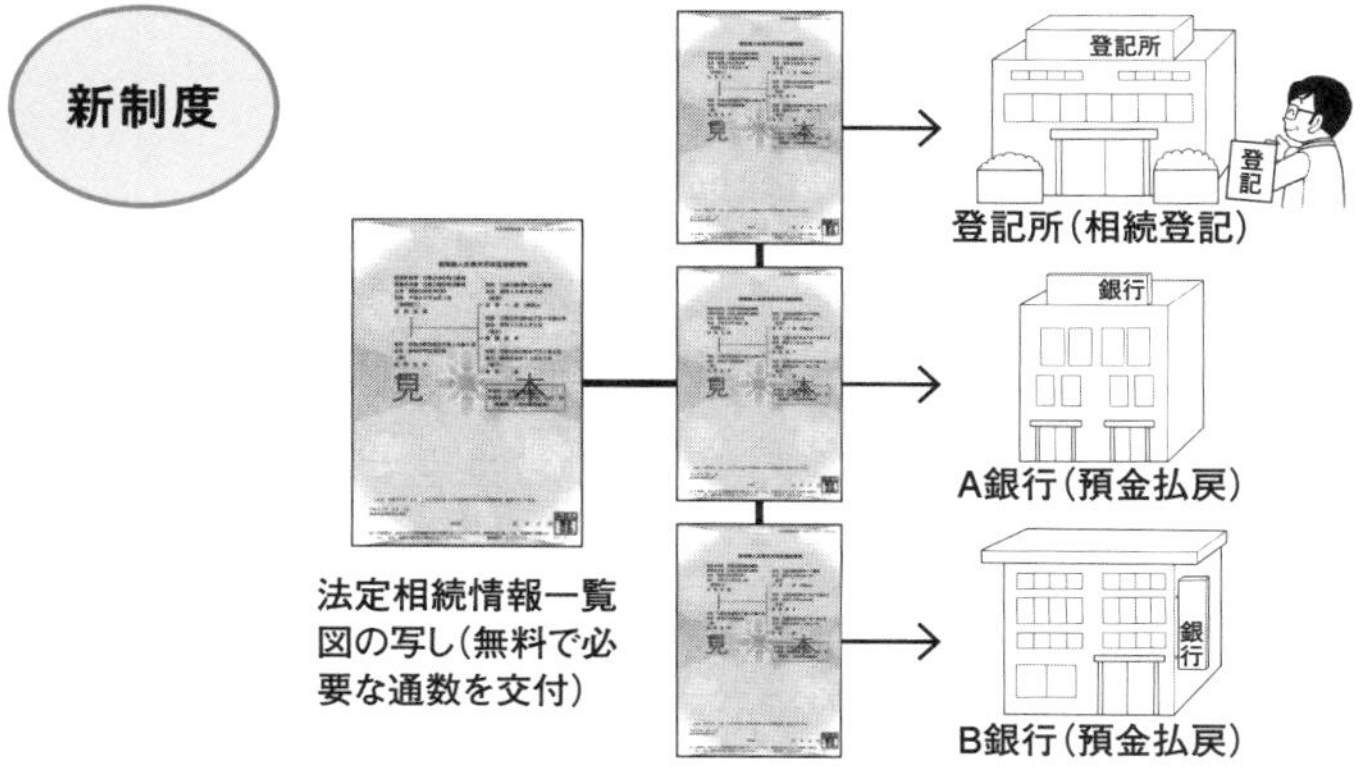

※法務省ホームページから作成

3 遅れてもほとんどは罰金もないから大丈夫！

葬儀を終えて香典返しも一段落つくと、急に葬儀屋さんのフォローがなくなるので、放り出されたかのようになり、何をしたらいいのか迷うことがあります。

しかし、左ページの表の役所の**窓口で説明を聞きながらやればよい**ことです。選択にそんなに迷うこともあまりありません。ぼちぼちやりましょう。

たとえば、年金の受け取りについて、遺族年金の方が大きくなるのか、などのメリットも**ほとんどが窓口で聞けば無料で教えてくれて解決できます。金額に天と地ほどの差がでることもありません。**

サラリーマンの方は、平日の昼休みにでも電話を活用して下調べして、最終処理として平日に休みをとって手続きをします。

申告は期限を過ぎても悪質でなければ罰金なし!

(何年も故意に知らせず不正受給の事件になったことはあります)

還付になるものは、相続税申告に必要になるので、時効に関係なく早めの手続きが必要です。

	手続き	期限	場所	備考
1	年金受給停止(年金機構にマイナンバーが収録されていれば自動停止)	10日	年金事務所	
2	健康保険 (国保・後期高齢者医療保険)	14日	年金事務所又は勤務先	
3	介護保険料の還付	14日	年金事務所等	
4	生命保険金の請求	2年	保険会社証書等	
5	高額療養費申請	2年	年金事務所等	領収書
6	葬儀費の申請	2年	年金事務所等	領収書
7	死亡一時金申請 (年金受給前死亡の際)	2年	年金事務所	
8	未支給年金申請	5年	年金事務所	
9	遺族年金申請	5年	年金事務所	
10	世帯主死亡なら世帯主変更	—	役所	
11	不動産相続登記 R6年4月義務化	—⬇	法務局	
登記の期限は3年になり。罰金10万円になります。				

4 「相続放棄」や「相続税申告」が大きな山場！

❶ 3か月・4か月・10か月が重点

四十九日の法要頃からが問題です。財産分け（遺産分割協議）と相続税を中心とする税務申告が複雑にからんできます。こちらは、**選択の仕方によって天と地ほどの差も出ますし、争いになりがち**です。心して取りかからなければなりません。

しかし「家族信託」をしていれば、財産の大元は押さえてありますし、家族信託の説明会やその後の報告をしておけば、もめる要素は限りなく少なくなることでしょう。

それらがなくて、いきなり相続というときには、争いが起きやすくなります。なにせ相続というのは、下品な言い方になりますが、**「確率100%で大金が転がり込む」人生で**

3か月・4か月・10か月が山場

いずれも、家族信託などで「事前相続」していれば準備万端!

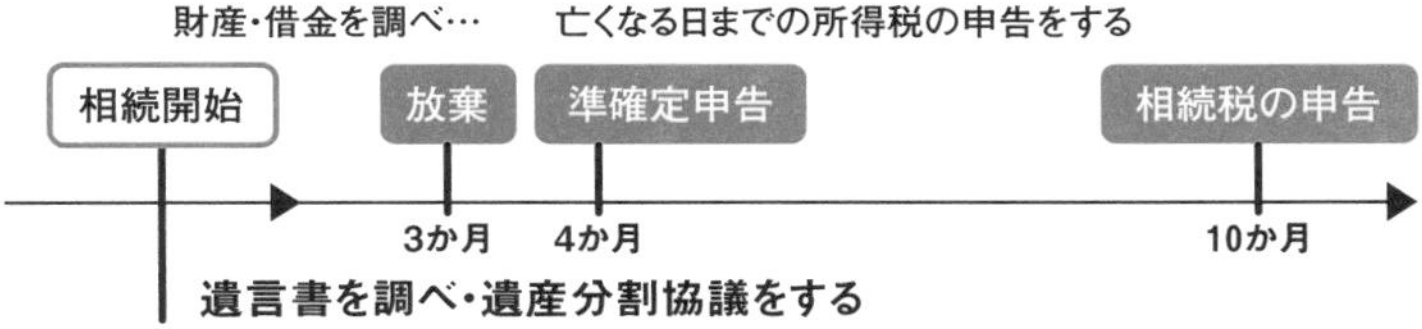

も滅多にない機会なのです。

しかも宝くじのような気が遠くなる確率ではなく、**確率100%の宝くじ**となれば、変に期待も高まるものです。

古今東西の身内による犯罪の多くが、相続をめぐって起きていることは、横溝正史の『犬神家の一族』やアガサ・クリスティの『名探偵ポワロ』を持ち出すまでもありません。

この他に、会社経営者やアパート経営などの個人事業者が亡くなられたときには、事業承継のための手続きがあります。これは顧問税理士と共に行うことが必要になります。

多くは上の図の「準確定申告」の前後に行われます。

❷「相続放棄」は慎重に。これも家族信託が役立つ

さて、亡くなってから**3か月で、相続放棄をするかどうかの判断**をします。

注意すべきは、**亡くなった方の預金を使ったり、車を処分してしまったりすると、それは放棄をせずに、自分のものとして相続したうえで使ったことになってしまいます。**

相続では借金も相続します。一旦相続すると決断してしまうと、後から実は借金の方が多かったとなっても取り消せないのです。

家族信託をするなかで、親にちゃんと聞いたり調べたりしておけば大丈夫です。

しかし、生前に財産は教えても、プライドもあるので借金や保証人をしていることは言わないものです。そこで130ページにあるように「エンディングノートには書いておいてね」とお願いしておくのです。

仮に、3か月経っても財産も借金もいくらなのかわからないときには、裁判所に「ちょっと待ってください。延期してください」と申し立てることができます。ここで決して諦めないようにしましょう。

それから、**「放棄」の意味を勘違い**していることがありますので注意しましょう。

「私は、放棄します」と口で言っただけで財産をもらわなくても、法律上は放棄したことにはなりません。遺産分割協議書に財産をもらわなかったことが明らかであっても、放棄したことにはなりません。

だから、後日、悪徳な貸金業者が3か月を経過し（放棄ができなくなった日の後に）、相続税の申告を終えた頃を見計らって、「借金を払ってくれ！」と来た場合、**法的な放棄である家庭裁判所での手続き**をしていないと、その借金のうちの法定相続分を負担しなければならなくなってしまいます。

もう一つ。**1人の相続人が放棄すると、他の相続人がその分を取得する**ことになります。つまり、**玉突き的に相続権が移っていきます。**たとえば、相続人が子どもだけのケースで、子どもが2人のうち、1人が放棄すると、残る1人がすべてを相続します（借金もすべて1人で相続します）。

相続人である子どもが1人しかいなくて、放棄すると、亡くなった方の親が相続人になります。親は死んでいない、あるいは親も放棄すると、亡くなった方の兄弟姉妹が相続人になります。

その兄弟姉妹が死んでいると、**甥・姪に…となります。もはや顔さえ知らない、しかもその人が海外にいるとなると悲惨な目に合います。「事前相続」で調べておけばそれらも遺言書を書くことで防止**できます。

その他に、**「限定承認」**という相続の仕方があります。たとえば、財産は1億円あるというのは比較的わかるものです。**しかし借金や連帯保証はほとんど見えないので、8000万円の借金はわかったけれど、他に何があるのかわからない。**こんなことはよくあります。ひょっとしたら何億円も連帯保証しているかもしれない…となると怖い（だから家族信託の過程で親に聞いておく「事前相続」が重要なのです）。

こんなとき、プラス財産である1億円の範囲内で、借金を背負うのが「限定承認」です。一見すると損はないように思えます。ところが、思わぬ負担がかかります。

普通の相続では、相続税だけの心配をすればOKです。仮に亡くなった方が直前まで働いていたとか、家賃収入があれば、前ページのように亡くなった日までの所得税の申告をするだけで済みます。

ところが、**限定承認をすると、まずすべての相続において、相続財産を亡くなった人が相続人に売ったとみなされて、譲渡所得税などがかかります。**

つまり、実家などを相続すると、そのときの時価で、故人から相続人へ売って譲渡所得税が掛けられ、さらに、相続人は普通に計算した相続税がかかるという**ダブル課税**になってしまうのです。だから、**そうまでして相続するよりも放棄するケースが多い**のです。

税務上のデメリット

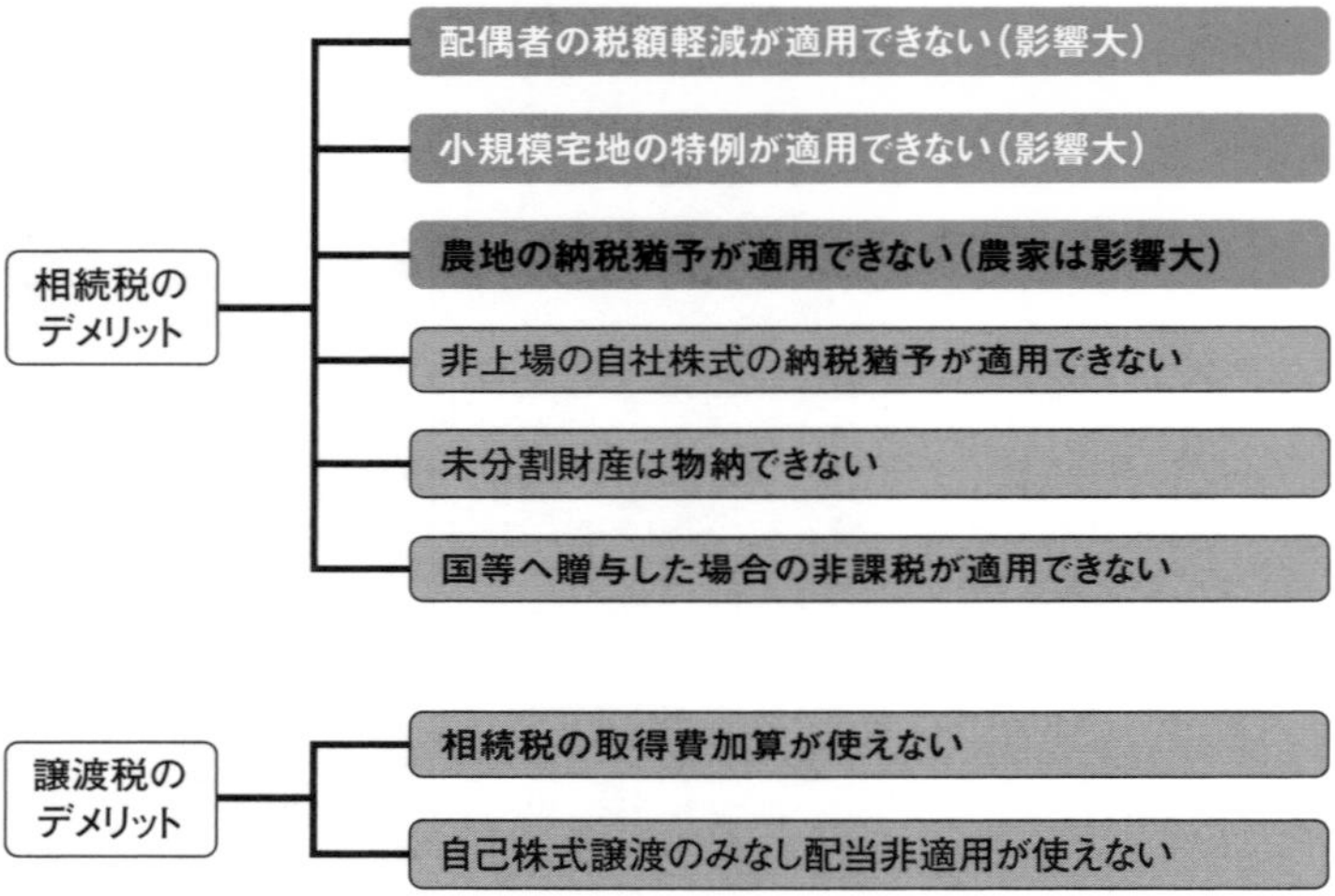
相続税のデメリット
配偶者の税額軽減が適用できない（影響大）
小規模宅地の特例が適用できない（影響大）
農地の納税猶予が適用できない（農家は影響大）
非上場の自社株式の納税猶予が適用できない
未分割財産は物納できない
国等へ贈与した場合の非課税が適用できない
譲渡税のデメリット
相続税の取得費加算が使えない
自己株式譲渡のみなし配当非適用が使えない

❸ 期限内申告も節税の手段です

次は10か月までの相続税申告です。これは一層厳しくて、**10か月以内に遺産分割が決まらなくても、おかまいなく法定相続分で分けたと仮定して申告しなければなりません。**他の相続の事案との不公平になるからです。

185ページの相続税の計算例なら、①の法定相続分で計算した350万円（配偶者270万円、子どもたちは各80万円）で収めるのです。

遅れれば、延滞税や利子税がかかってきます。上の図の一番上の「配偶者の税額軽減」が適用できないので高くなるのです。

さらに、**10か月以内に遺産分割協議が整って申告をするかしないかで納税額に天と地ほどの差**が出てしまいます。是非とも申告期限内に分割協議を済ませて申告をするようにしましょう。

ただし、**コロナ禍のなかでは特例があります。**相続人が**老人ホームに入って面会できないので、遺産分割協議ができない**などの事態になったら、諦めないでください。**期限内に遺産分割協議ができないと、税務上だけでも右の図に示すようなデメリット**が生じます。

このうち、「配偶者の税額軽減」と「小規模宅地の特例」は、税額に対する影響が甚大です。

また譲渡所得税の計算上の「取得費加算」も、相続税の申告期限から3年以内に分割ができれば救済の道がなくはないのですが、**経験上、10か月でまとまらないものは、3年でもまとまらない**ものです。

「農地の納税猶予」等は3年の猶予もなく、申告期限の10か月がまさにタイムリミットになります。それ以前に農業委員会の許可を取るのに数か月かかりますから急ぎましょう。

5 「家族信託」の準備が生きる！

❶ 相続日現在の残高を集計する

「家族信託」と異なるのは、すべての財産・債務を調べなければならないことです。

１９０ページの一覧表に基づいて、ほとんどの財産・債務については、存在の有無はわかっています。後は、教えてくれてなかった借金などは「エンディングノートには書いておいてね」とは１２９ページで伝えておいたので、これを見て所在と金額を集めます。

しかし、亡くなった日の残高を確定しなければなりませんので、定期預金の利息、株式の配当、家賃収入…等々と細かいものを拾い集めなければなりません。これも、銀行等で残高証明書を発行してもらうときに、「利息・配当も」と、お願いするだけです。

また、**調べたときから年月が経っていれば、相続税評価は毎年のように変わりますから**、元から評価をし直すことも必要になりますが、それらはほとんど税理士の仕事になります。

❷ 不足するものだけ補う

調べた以降に発生している財産・債務の情報が不足しているはずです。**移動があった都度にアップデートしておけばよいのですが、なかなかできませんし、どのみち、見直さなければ**なりません。それは仕方がないことです。死者に自分の葬儀が出せないのと同じこと。幽霊にはお手伝いができませんので、これはこの世に生きる人たちがやるしかないのです。大方の存在の有無と場所がわかっていれば御《おん》の字です。

❸ デジタル遺産は変化が激しい

変化が激しいものがデジタル遺産です。129ページのエンディングノートで対策をしておけばよいのですが、間に合わなかったらいかに大変か。**ここを先に読んでいれば生きているうちからすべきことなのです。**

なお、スマホのパスワードは3回以上は試さないこと。10回程度のエラーで初期化されてデータが消えることがあります。

6 いよいよ遺産分割！どう分けるか？ここが正念場

❶ いつ話し合うか？

遺言書や相続税対策ができていれば、それに従うことになります。ここでも、「事前相続」での準備が役立つのです。それでも、**最終的な詰め**として、相続人の間で話し合い、遺産分割を遺言書通りにするのか、全員の同意で、それとは異なる分割にするのか話し合いをします。

通常は、四十九日の法要の折から始めることが多いでしょう。その前に次のページの図の②遺言書有無の確認と、③専門家（税理士や弁護士）との相談をしておいてください。それによって話し合いの日程も変わってきます。

「亡くなった方の除籍謄本（出生から死亡まですべてわかるもの）」「相続人全員の戸籍謄

いずれも、家族信託などで「事前相続」していれば準備万端!

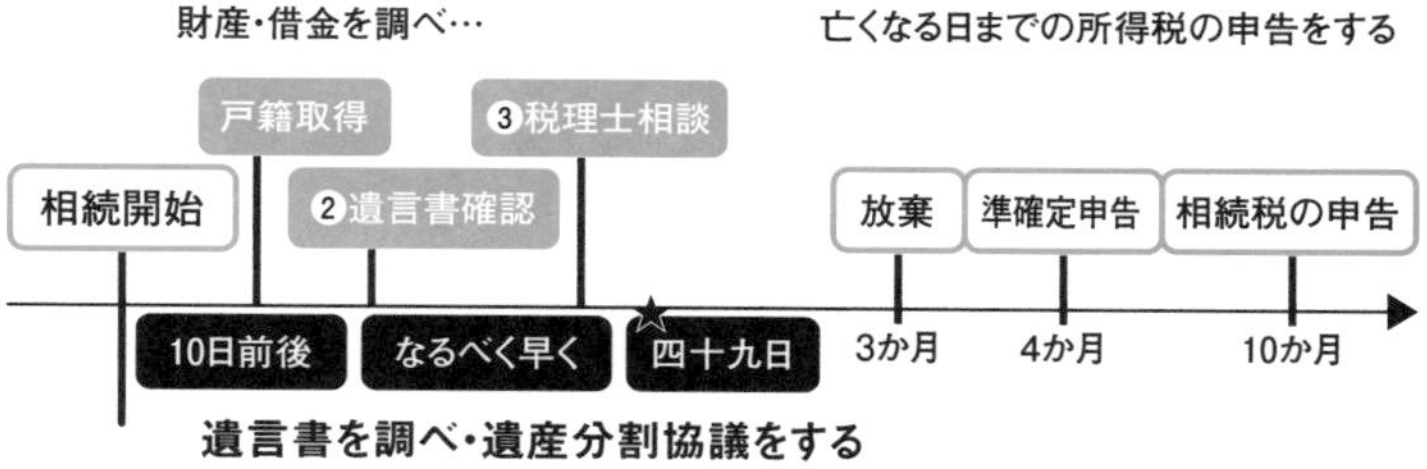

本と住民票と印鑑証明書」「固定資産税評価証明書」「不動産登記簿謄本と公図」など、税理士が指示します。

❷ 遺言書の有無の確認

保存預かりをしてある自筆証書遺言で、預ける折に相続人等に通知が行く手続きをほとんどのケースですると思います。

このときは管轄の法務局から、**自動的に遺言書を保存している旨の通知が届きます**ので、それに従って取りに行ってください。手数料は1通800円（送料負担で郵送してもらうこともできます）。

転居等の原因で届かないケースもありますので、そのときには管轄の法務局に電話して請求のための手続きや予約を取ってください。

公正証書遺言は、**全国どこの公証人役場でもよいです**

が調べにいきます（予約制）。**結局、念のために両方調べる必要がある**ことになります。

◆自筆証書遺言の請求・公正証書遺言の謄本請求の際に必要な書類等

相続人の場合は以下が原則ですが、必ず予約時に確認をとってください。

① 遺言者の死亡の記載がある資料……戸（除）籍謄本
② 遺言者の相続人であることを明らかにする資料……戸籍謄本
③ 請求者の本人確認資料（以下のいずれかを持参）
・運転免許証／個人番号カード等と認印
・交付から3か月以内の印鑑登録証明書と実印

★法務局での保管ではない自筆証書遺言を発見したら開封せずに家庭裁判所で「検認」を受けるために届け出なければなりません（無断で開封すると、罰金が5万円かかります。封筒に封印されていない遺言書は見てもかまいません）。その後、全相続人に知らせがあり、裁判官が相続人の前で認証手続きをするまでに2～3週間以上はかかります。相続人は、認証の席への出席は強制されませんが、検認を申し立てた人は必ず出席しなければなりません。

❸ 税理士や弁護士との相談

税務署からお尋ねの書類が届くこともあります。 **不用意に返事を出すと、後日提出する申告書とズレた内容になり疑いを持たれる**ことがあります。税理士と相談してから、税理士に書いてもらって提出するのがよいでしょう。順調に申告が進めば、返信を出さないこともあります。

遺産分割がもめそうなときは弁護士に間に入ってもらう必要があります。

税理士は、税務署に対する用心棒で、相続人の間では中立の立場に立ちます。それでも、当初依頼を受けた方（報酬を払ってくれる方）の肩を持って有利にしようとしがちですから、報酬はそれぞれから分けてもらうこともあります。

しかし、**弁護士は相続人の間での依頼者側に付いた用心棒**です。したがって、弁護士を間に立てると、相手側も「なにぃ〜〜い！」といきり立って弁護士を立てて来て全面戦争になる可能性が高くなります。

まずは、相談をするものの、直接に相手との間に立たない形で交渉を進める方がよいでしょう。

「争いの芽を摘む！」、この一言のために「事前相続」をしてきたのです。

「事前相続」は「家族信託」のための「家族信託説明」に始まり「遺言書」とその付言事項やエンディングノートに至ります。

四十九日の法要の席で、**遺言書や遺書やエンディングノートを読み上げて、涙と共に相続人一同が納得する…あるいは遺産分割協議書に署名押印できるかが亡くなった後のセレモニーの頂点**です。

ここで大方の理解を得て、その場での署名押印は無理としても、短期間に終えられるかが重要です。「事前相続」が順調であればあるほど、この作業は容易になります。後は、前章までで準備したことの実践です。

❹ 名義変更・解約手続きで完了！

最後の仕上げが、名義変更や解約手続きです。口座から引き落とされるものは、なるべく早くした方がよいですが、あせる必要はありません。多くは少額です。

一般のサラリーマンや無職の方はあまり問題となりません。しかし、事業経営者は、事業承継問題と並行ですから複雑になります。

よって、私としては、急がないのであれば、ぼつぼつやればよいと考えております。しかし、忙しくて、時間がもったいないからという人がいるのも事実です。そんなときは、司法書士等に「死後事務委任」で任せる手続きがあります。

ただし、**手間暇がかかるので高額**になります。また資格が必要な業務ではありませんので、玉石混交で悪徳業者の存在がありますので注意してください。最低限、行政書士の資格者に任せるのが安全です。

これらも、**「家族信託」等で「事前相続」をすることで、その手間を省くことができると、亡くなった後の手続きの費用を抑えることが可能**なのです。**相続後に支払う費用は、相続税を安くできません。相続前に親の財産を使って行えば、相続税の節税**にもなって一挙両得なのです。

＊＊＊＊＊＊　本書のおわりに　＊＊＊＊＊＊＊＊＊＊＊＊＊＊＊

最後までお読みいただいた皆さんは、「シンプル相続」には、多くのメリットがあることをご理解されたことと思います。その中でも最大のメリット以下の４つです。

1. 認知症による「財産凍結」を「家族信託」で防止でき、預金が使え、実家も売ることができ、自宅24時間介護や老人ホームの入居一時金を支払える。
2. 相続で、**一番困難な手続き**の「財産が不明で、分割協議も税務申告も混乱」することが、「家族信託」のなかで、財産の明細が分かって**手続きがスムーズになる。**
3. **従来の遺言書や贈与だけでは、親のメリットがありませんでしたが、**「家族信託」なら、より良い介護が受けられるという親のメリットがある**ので、協力が得られます。子どもも、立て替え払いしなくてすみます。遺言も贈与も間に合う。**
4. 「自分でする６万円コース」**の家族信託。それはベストではありませんが、**これで世の中がまだ１．のことを火災保険のように入るのが常識と理解していないなか、手軽に始められ、さらに理解した人は成年後見より良いと専門家に依頼できる。

あとは実行です。「家族信託」の第一歩を踏み出されることを切に祈っています。

牧 口 晴 一（まきぐち・せいいち）

昭和28年生まれ。税理士・行政書士・法務大臣認証事業承継ADR調停補佐人。慶應義塾大学法学部卒、名古屋大学大学院 法学研究科（会社法）修了。税理士試験5科目合格。昭和61年開業。2015年『税務弘報』9月号で「トップランナースペシャリスト9」に選出。税理士等の専門家向けに『牧口大学』、『丸の内相続大学校』などの講演をするほか、一般向けには「相続博士・事業承継博士」としてパフォーマンス豊かに、わかり易く、時には落語調に「楽しく」聞かせる第一人者として活動する。また地域ボランティア活動の一環としてNHK文化センターで相続・会計・事業承継の講座を10年余り担当している。主な著書に『非公開株式譲渡の法務・税務（第7版）』『事業承継に活かす納税猶予・免除の実務（第3版）』、『組織再編・資本等取引をめぐる税務の基礎（第5版）』、〈以上、中央経済社〉、『図解＆イラスト 中小企業の事業承継（第14版）』〈清文社〉等多数。

牧口会計事務所　https://www.makigutikaikei.com/

日本一《にほんいち》シンプルな相続対策《そうぞくたいさく》
認知症《にんちしょう》になる前《まえ》にやっておくべきカンタン手続《てつづ》き

2023年 3月10日　初版第1刷発行
2023年 4月10日　　　　2版発行

著　者　　牧口晴一

カバーデザイン　斉藤よしのぶ
本文デザイン　梅津由紀子
編集協力　リバーウエスト
　　　　　株式会社ゲネシス
マンガ・イラスト　宇井野りお
校正　大熊真一（ロスタイム）
編　集　川本悟史（ワニブックス）

発行者　横内正昭
編集人　岩尾雅彦
発行所　株式会社 ワニブックス

〒150-8482
東京都渋谷区恵比寿4-4-9 えびす大黒ビル
電話　03-5449-2711（代表）
　　　03-5449-2716（編集部）
ワニブックスHP　http://www.wani.co.jp/
WANI BOOKOUT　http://www.wanibookout.com/

印刷所　株式会社 光邦
ＤＴＰ　株式会社 啓文社
製本所　ナショナル製本

ISBN 978-4-8470-7284-0